MARKETING OPERACIONAL

ALEXANDRE FRANCO CAETANO
CÉSAR HENRIQUE FISCHER
OSVALDO DE SALLES GUERRA CERVI
SÍLVIO LUIZ TADEU BERTONCELLO

São Paulo, novembro de 2004

MARKETING OPERACIONAL

Alexandre Franco Caetano
César Henrique Fischer
Osvaldo de Salles Guerra Cervi
Sílvio Luiz Tadeu Bertoncello

DVS Editora Ltda.
www.dvseditora.com.br

Marketing Operacional
Copyright © DVS Editora 2004

Todos os direitos para a língua portuguesa reservados pela editora.

Nenhuma parte dessa publicação poderá ser reproduzida, guardada pelo sistema *retrieval* ou transmitida de qualquer modo ou por qualquer outro meio, seja este eletrônico, mecânico, de fotocópia, de gravação, ou outros, sem prévia autorização, por escrito, da editora

Revisora(s): Ivone Andrade e Márcia Elisa Rodrigues
Produção Gráfica, Diagramação: ERJ Composição Editorial e Artes Gráficas Ltda
Design da Capa: SPAZIO / Denis Scorsato

ISBN:85-88329-19-0

Dados Internacionais de Catalogação na Pubicação (CIP)
(Câmara Brasileira do Livro, SP, Brasil)

Marketing operacional / Osvaldo de Salles Guerra Cervi... [et al.]. -- São Paulo : DVS Editora, 2004.

Outros autores: Sílvio Luiz Tadeu Bertoncello, Alexandre Franco Caetano, César Henrique Fischer.
Bibliografia.

1. Benchmarking (Administração) 2. Clientes - Contatos 3. Logística (Organização) 4. Marketing 5. Marketing - Canais 6. Marketing de relacionamento I. Cervi, Osvaldo de Salles Guerra. II. Bertoncello, Sílvio Luiz Tadeu. III. Caetano, Alexandre Franco. IV. Fischer, César Henrique.

04-7008   CDD-658-802

Índices para catálogo sistemático:
1. Marketing operacional : Administração de empresas   658.802

Sumário

Prefácio IX

Capítulo 1 - Logística e Canais de Marketing............................ 1
Osvaldo de Salles Guerra Cervi
   1.1 - Tecnologia, Informação e Demanda 4
   1.2 - Gestão 5
       1.2.1 - Planejamento 6
       1.2.2 - Identidade – O *core business* da Organização 7
       1.2.3 - Inteligência Competitiva 8
       1.2.4 - Cultura 8
           1.2.4.1 – Confiança e Risco 9
   1.3 - O *Mix* de Marketing 13
       1.3.1 - Canal de Distribuição 13
           1.3.1.1 - Logística 15
           1.3.1.2 - Confiança e Distribuição 18
       1.3.2 - Estratégia de Distribuição 21
           1.3.2.1 - Atacado 22
           1.3.2.2 - Varejo 23
   1.4 - Projeto de Sistema de Canal de Marketing 24
       1.4.1 - Serviços Desejados 25
       1.4.2 - Objetivos e Capacidade 27
       1.4.3 - Opções de Canal 28
           1.4.3.1 - Tipos de Intermediários 28
           1.4.3.2 - Número de Intermediários 29
   1.5 - *Supply Chain Management* (SCM) 30
       1.5.1 - A cultura da Confiança 31
       1.5.2 - Iniciando o Aculturamento 33
       1.5.3 - O SCM, a Cadeia de Valor e o Desenvolvimento Econômico 35

1.6 - O SCM e o Novo Milênio 36
    1.6.1 - O Exemplo da Europa 37
    1.6.2 - Novas Competências 40
    1.6.3 - A Demanda "Puxada" 41
    1.6.4 - O Alinhamento Estratégico 43
    1.6.5 - Sistemas Verticais e Horizontais de Canal 44
    1.6.6 - Conflitos 45
        1.6.6.1 - Administrando Conflitos 47
1.7 - O Futuro da Distribuição 48
    1.7.1 - A Internet e o Novo Comportamento de Consumo 50
    1.7.2 - O Maior "Gargalo": A Entrega 51
1.8 - Constatações 52
1.9 - Referências Bibliográficas 55

Capítulo 2 - Marketing *Business To Business*: Uma Perspectiva Nacional 61
Sílvio Luiz Tadeu Bertoncello
2.1 - Marketing B2B e Condicionantes da Orientação Empresarial 62
    2.1.1 - Condicionantes da Orientação Empresarial 62
2.2 - Comportamento de Compras e Diferenças Entre o
      Relacionamento B2B e o B2C 65
2.3 - Classificação de Clientes e Produtos no Mercado B2B 68
    2.3.1 - Abordagens e Grau de Influência 69
    2.3.2 - Equipamentos Leves 70
    2.3.3 - Equipamentos Pesados 70
    2.3.4 - Serviços de Consultoria 71
2.4 - Posicionamento no Relacionamento B2B Segundo
      Características de Valor 71
2.5 - Macrossegmentação e Microssegmentação no Relacionamento
      Business to Business 73
2.6 - Marketing *Mix* para o Relacionamento B2B 75
    2.6.1 - Política de Produto 75
        2.6.1.1 - Novos Produtos e Novos Mercados 77
        2.6.1.2 - Gerenciamento da Cadeia de Suprimentos 82
2.7 - Comércio Eletrônico e Sua Implicação na Rede de Distribuição
      no *Business to Business* 90
    2.7.1 - A Evolução do Comércio Eletrônico 92
    2.7.2 - O Comércio Eletrônico nas Organizações 93

2.7.3 - Impactos na Estrutura da Organização e Rede de Distribuição 95
2.7.3.1 - Força de Vendas 97

Capítulo 3 - *Benchmarking* Estratégico: Tendências e Aplicabilidade no Brasil. 99
Sílvio Luiz Tadeu Bertoncello

3.1 - Introdução ao *Benchmarking*................................. 100
3.2 - Histórico do *Benchmarking*.................................. 100
3.3 - Definições da Ferramenta *Benchmarking* 107
    3.3.1 - Definições Formais 107
    3.3.2 - Definições Operacionais 110
    3.3.3 - Definições Estratégicas 111
    3.3.4 - A Teoria Subjacente de *Benchmarking* 113
    3.3.5 - Termos Importantes para Entender a Ferramenta
          Benchmarking....................................... 113
    3.3.6 - Tipos de *Benchmarking* 116
        3.3.6.1 - *Benchmarking* Interno 116
        3.3.6.2 - *Benchmarking* Competitivo 116
        3.3.6.3 - *Benchmarking* Funcional 118
        3.3.6.4 - *Benchmarking* Genérico 119
3.4 - Os Princípios de *Benchmarking*............................... 120
    3.4.1 - Reciprocidade 120
    3.4.2 - Analogia 120
    3.4.3 - Medição 121
    3.4.4 - Validade 122
3.5 - O Código de Conduta de *Benchmarking* 123
    3.5.1 - Princípio da Legalidade 123
    3.5.2 - Princípio da Troca 124
    3.5.3 - Princípio da Confidencialidade 125
    3.5.4 - Princípio de Uso 125
    3.5.5 - Princípio do Primeiro Contato 125
    3.5.6 - Princípio da Terceira Parte 125
    3.5.7 - Princípio da Preparação 126
    3.5.8 - Princípio da Conclusão 126
    3.5.9 - Princípio da Compreensão e da Ação................... 126
3.6 - Como Iniciar o *Benchmarking*................................ 127
3.7 - O Processo de *Benchmarking* – Abordagens de Vários Autores 130

3.8 - Passos para o Modelo do Processo de *Benchmarking* de Acordo
  com o APQC.. 137
3.9 - Definição do Problema 147
    3.9.1 - Objetivo 147
    3.9.2 - Justificativa 148
    3.9.3 - Metodologia 149
    3.9.4 - Técnicas de Coleta de Dados 149
    3.9.5 - Técnicas de análise de dados 150
    3.9.6 - Resultados das entrevistas 150
3.10 - Conclusão 157
Referências Bibliográficas 162

**Capítulo 4 - *Customer Relationship Management* (CRM):
        Visão Prática do Conceito............................. 167**
Alexandre Franco Caetano
César Henrique Fischer
    4.1 - Conceitos Fundamentais..................................... 170
    4.2 - CRM Como Resposta à Questão "Eficiência em Marketing" 187
        4.2.1 - CRM como Eficiência em Marketing: O Papel da
              Tecnologia 189
    4.3 - Uma Proposta Teórica de Visão de Estrutura Organizacional para o
        Funcionamento do CRM....................................... 192
    4.4 - Resultados em CRM: a Visão Estratégica 196
    Bibliografia 203
    Referências Bibliográficas 204

Prefácio

Há tempos, quando tomamos a decisão de escrever para ajudar a aprofundar os conceitos que nós, professores, ministramos em aula, tínhamos uma única certeza: seria muito difícil resumir tudo em um único livro. Marketing é um processo tão complexo, e que envolve tantas partes da empresa, que "juntar" tudo poderia até confundir os leitores, muitos, imaginamos, pouco acostumados aos termos e processos abordados.

Procuramos, então, separar em três volumes, sendo este o que trata de Marketing Operacional. Os outros, Marketing Estratégico e Varejo e Clientes, mostram outras faces do marketing, igualmente importantes. Não tentamos separar a "operação" do que é "estratégico", muito menos tirar daqui os "clientes", até porque não é possível conceber um sem os outros. O que fizemos foi separar os assuntos, para que pudessem ser aprofundados e relacionados.

Sabemos que um dos maiores desafios para que as empresas tenham vantagem competitiva sustentável diante de seus concorrentes é fazer com que aquilo que é planejado por elas seja realmente executado. São muitos os exemplos de grandes idéias, de brilhantes executivos, que acabam por não se transformando em realidade pelo fato de não conseguirem trilhar o caminho da operação, da execução.

Em marketing, são várias as ferramentas que conduzem às empresas ao rumo da efetividade empresarial. Este livro aborda, de forma bastante prática, alguns caminhos possíveis, que podem servir ao leitor como forma de compreender conceitos, fartamente ilustrados com exemplos dentro de uma perspectiva nacional.

Os autores são professores do curso de Pós-Graduação em Marketing e Gestão de Marketing de Serviços da Fundação Armando Alvares Penteado – FAAP, onde ministram as disciplinas correspondentes aos capítulos.

Na primeira parte, o leitor poderá compreender a importância do processo de logística, muito mais do que simples transporte de carga, uma forma de obter diferenciação junto aos seus concorrentes, com uma visão que integra o marketing na tomada de decisão dos canais de distribuição. É escrito pelo brilhante professor Osvaldo de Salles Guerra Cervi.

O professor Sílvio Bertoncello trata, em dois capítulos, sobre a árida forma de se fazer relacionamentos empresariais. Para tanto, separa o marketing empresarial, tratado aqui como *Business to Business*, ou ainda B2B, e suas ferramentas para se obter sucesso nos negócios tratados entre empresas. Uma especial ferramenta é destacada no capítulo 3, que cuida especificamente de como aprender com outras empresas, o *Benchmarking*. Nesta parte o professor Sílvio vai mostrar diversas formas de se desenvolver processos internos, levando-se em conta o sucesso ou fracasso de outras empresas, até mesmo de segmentos diferentes.

No capítulo final, os professores César Henrique Fischer e Alexandre Franco Caetano irão mostrar uma das mais modernas e importantes práticas de marketing: o CRM (*Customer Relationship Management*), ou o Gerenciamento dos Relacionamentos com os Clientes, considerada uma das estratégias mais eficazes para a manutenção de clientes rentáveis satisfeitos. Os exemplos e casos relacionados no capítulo, juntamente com a base de pesquisa teórica pode servir aos leitores como celeiro de idéias para usarem nas suas empresas.

Desejamos que este livro possa despertar nos leitores idéias que tragam valor pessoal aos que desenvolvam os projetos, que trarão, como conseqüência, mais riqueza empresarial. O papel que cabe a cada um nessa sociedade se junta quando pensamos em mais qualidade nos produtos, processos e pessoas. A união dos que ensinam, com os que querem aprender só pode resultar em benefícios para toda nossa Nação.

Boa leitura!

Edilberto Camalionte,
Professor coordenador dos cursos de
Pós-Graduação em Marketing da FAAP e coordenador do livro.

CAPÍTULO 1

Logística e Canais de Marketing

OSVALDO DE SALLES GUERRA CERVI

Mestre em Administração de Empresas, MBA em Finanças Empresariais, Especialista em Tecnologia Educacional, Bacharel em Direito, Experiência profissional como consultor na área de Excelência Profissional e Investimentos. Gerente da Divisão de Aconselhamento de Investimentos Private do Banco do Brasil, professor de Logística Empresarial nos cursos de Pós-Graduação em Marketing da FAAP.

Dedicatória

À minha esposa, Sandra, presença insubstituível em minha vida, por todo o amor que sempre foi capaz de me oferecer, apesar de toda a minha ausência...

Introdução

A melhor maneira de prever o futuro é inventá-lo.
(Dennis Gabor)

Até poucos anos atrás a logística parecia ser uma área segregada do negócio da organização com a qual não era preciso se preocupar, pois havia alguns profissionais, considerados distantes da realidade organizacional, que cuidavam daquela área operacional.

Após os anos do milagre econômico, na década de 1970, o Brasil enfrenta um momento de muita dificuldade, culminando no *default* da dívida externa do país.

Com o início dessa difícil crise, o país foi percebendo que sem estabilidade econômica não era possível haver crescimento. Sem crescimento não há geração de empregos, não há demanda, enfim, não há qualidade de vida. Depois da primeira tentativa frustrada, em 1986, o Plano Cruzado gerou uma crença, entre muitos empresários, de que era impossível o controle da inflação e a política de investimentos em estoques, com a certeza dos constantes aumentos provocados pela hiperinflação, foi estabilizada, fazendo com que muitas empresas ignorassem a emergência de uma mudança no cenário econômico. Era apenas questão de tempo. E assim aconteceu.

Vieram os Planos Bresser em 1998 e o Plano Collor em 1990. A evolução do cenário democrático, pós-ditadura militar, que durou até meados da década de 1980, favoreceu a abertura dos canais de telecomunicações, que esclareceu e estimulou os consumidores brasileiros que viram na abertura de mercado, promovida pelo Governo Collor, a grande oportunidade de acesso a produtos de maior qualidade com menores preços que os fabricados no país.

Nesse momento o país dava um passo em direção a competitividade que não teria volta e, também, consolidava-se a competitividade japonesa iniciada em meados da década de 1980, fortalecendo a globalização dos mercados de consumo.

O Brasil passa a buscar, de maneira incessante, o controle inflacionário e em julho de 1994, no governo de Itamar Franco, tendo como Ministro da Fazenda o Sr. Fernando Henrique Cardoso, que conduziria o Plano Real a partir de então, foi revolucionada a realidade empresarial e de consumo brasileira.

De imediato, cerca de 20 milhões de brasileiros tiveram sua capacidade de consumo ampliada, fruto do novo cenário de estabilidade monetária.

As empresas, acostumadas a ver sua ineficiência coberta pelos aumentos mensais da ordem de 30%, passam a enfrentar a competitividade internacional, sem a possibilidade de aumento de preços, cultura comum entre os empresários brasileiros até então.

As empresas brasileiras, sem poder aumentar seus preços e sofrendo a forte concorrência dos produtos estrangeiros, deparam-se com a realidade que os americanos tinham enfrentado há mais de 10 anos, perante a concorrência do

Japão, de redução de custos, especialmente quanto a manutenção de estoques e logística propriamente dita.

Para entender melhor a questão da logística, imagine a corrida do ouro ocorrida no Brasil na região que ficou conhecida como Serra Pelada. Centenas, talvez milhares, de brasileiros tentaram a sorte à procura do ouro na região, entretanto pouquíssimos encontraram a sonhada riqueza, mas com certeza todos aqueles que proveram esses sonhadores com as ferramentas necessárias, como, por exemplo, alimentos, roupas e tudo aquilo que era imprescindível para a busca de tal sonho, beneficiaram-se com essa corrida.

Assim é a logística. Não importa se um novo empreendimento dará certo ou não, será necessária a movimentação/armazenagem/embalagem de mercadorias, informações e recursos.

Muitas empresas e setores brasileiros entraram em dificuldades naquele momento. Alguns não suportaram tamanha mudança e acabaram em crises insolúveis, tais como a indústria têxtil e a indústria de autopeças.

A contínua necessidade de redução de custos, fruto da sensível ampliação da competitividade mundial, trouxe à tona a questão da logística nas organizações pelo simples fato de estar nessa área a grande oportunidade de sinergias operacionais nas cadeias de suprimentos, resultado do forte reflexo de redução dos custos que oferece.

Após esta breve introdução, que objetiva contextualizar por que a questão logística é tão debatida nos fóruns organizacionais, visa esclarecermos esses pontos, contextualizando de onde saímos, onde estamos e para onde queremos ir.

Vamos começar com uma reflexão da evolução da administração empresarial, passar pela estrutura e pelas características dos canais de marketing, sugerindo caminhos para formação de um sistema de canais e chegando ao discutido conceito do *Supply Chain Management* (SCM), ou gestão integrada da cadeia de suprimentos – atualmente uma realidade teórica, mas com pouca assimilação pelas cadeias empresariais, que ainda se confrontam em processos autofágicos à procura de rentabilidade – e, por fim, fazer uma reflexão sobre o futuro do comportamento dos consumidores e, conseqüentemente, dos novos sistemas de distribuição demandados.

1.1 – Tecnologia, Informação e Demanda

A história da humanidade se confunde com a história da comunicação.

A necessidade de se comunicar, informando e sendo informado, fez o ser humano buscar, de maneira incansável, tecnologias capazes de superar os obstáculos existentes no processo de transmissão de informações. Assim surgiram os desenhos, os sinais, a fala, a escrita, a imprensa, o telégrafo, o telefone, o rádio, mais recentemente, a televisão e, finalmente, a Internet.

Vivemos a "Era da Informação". Uma realidade que em razão da alta tecnologia empreendida conferiu uma velocidade à informação jamais imaginada nos tempos passados e inseriu a humanidade em uma nova economia, baseada nos canais de telecomunicações.

A velocidade com que se propaga a informação oferece estímulos para o consumo e amplia a oportunidade de desenvolvimento, aumentando, porém, em contrapartida, a complexidade e, portanto, o risco percebido nesse contexto.

Tanto acesso "comoditizou" a tecnologia, tornando-a disponível para qualquer organização que perceba seu valor e possa pagar por isso. O diferencial competitivo, que no passado estava fora das organizações, está sendo transferido para dentro delas, tornando possível a sustentabilidade das vantagens competitivas adquiridas graças ao "k" intelectual desenvolvido. Esse novo recurso – o capital intelectual – pode ser traduzido pelos processos singulares, de difícil identificação e, por conseqüência, difícil de copiar.

A formação do capital intelectual exige a troca de conhecimentos (tácito e explícito) entre os profissionais, que acabam por qualificar os profissionais de maneira informal, mediante a multiplicação de informações, conhecido por conhecimento informal.

Se o desenvolvimento do capital intelectual das organizações depende da transferência de conhecimentos entre as pessoas, esse processo depende, por sua vez, do capital social, ou seja, das oportunidades criadas pelas organizações para que seus profissionais possam interagir, se conhecer e iniciar o processo de desenvolvimento da confiança, vital para o sucesso desse ciclo virtuoso proposto.

O desenvolvimento da confiança favorece a integração e, nesse processo, fruto da ampliação da visão oferecida aos participantes sobre as ligações entre suas áreas/funções, otimiza-se a capacidade criativa, amplia-se a velocidade de sua implementação, com a concomitante redução dos processos burocráticos, normalmente criados para proteger as pessoas dos riscos de exposição em caso de falha.

Criatividade, em ambiente favorável, favorece o "empreender", essencial à inovação e, por conseqüência, a criação e a sustentação de diferencial competitivo, imprescindível na atual realidade competitiva global.

Esse é o cenário atual, adequado para a aplicação do conceito *Supply Chain Management* (SCM) ou gestão integrada da cadeia de fornecedores/suprimentos, que será visto mais adiante.

1.2 – Gestão

A revolução industrial, representada pela máquina a vapor, responsável pela forte ampliação ao acesso a informações pelas pessoas e geradora de uma forte explosão da demanda, exigiu mudanças na forma como os produtos, até então produzidos artesanalmente, eram desenvolvidos.

Naquela época as comunidades viam sua capacidade de consumo limitada à população existente no seu contexto, entretanto com a chegada da máquina a vapor os horizontes foram ampliados e, com eles, potenciais mercados consumidores foram criados pela necessidade despertada com as informações/produtos/serviços transportados pela máquina que impulsionou tal revolução e ofereceu aos homens a possibilidade de dominar a distância.

Nesse novo contexto, novos obstáculos foram criados, mas nenhum deles mais desafiador que o de encontrar maneiras mais eficientes de produzir para atender ao grande mercado consumidor que era formado, e, nesse instante, o maior "gargalo" a ser superado pelos administradores era a produtividade.

Foi com esse foco que processos foram estudados e desenvolvidos, encontrando-se na produção em série e organizada a melhor estrutura para ampliar a capacidade competitiva das empresas que foram formadas a reboque da oportunidade de consumo criada.

Os "gargalos" foram sendo superados ao longo do tempo e, a cada passo, novos desafios eram criados.

Com o aumento da eficiência no processo produtivo, oferta e procura foram se equilibrando e, com isso, novas formas de gestão exigidas, já que, produto de equilíbrio entre oferta e procura, a escolha do consumidor pelo produto não dependia mais apenas da oferta, mas agora de uma oferta diferenciada, capaz de fazer o consumidor perceber a agregação de valor ao processo produtivo.

Assim nasceram as estratégias que viram na oferta de produtos diferentes, nas cores, acessórios e características, a oportunidade de capturar o interesse dos consumidores, até então conhecedores de mercados monopolizados e pouco desenvolvidos.

É comum ouvir de meus alunos, nesse ponto das aulas, a indagação: "Professor, o que isto tudo tem a ver com logística e distribuição?". Minha resposta é simples: tudo. Pretendemos demonstrar que a logística envolve o manuseio, o armazenamento e a distribuição de insumos, produtos/serviços e, hoje mais do que nunca, de informações.

A oferta de novas opções aos consumidores fez com que seu interesse fosse despertado, alterando assim seu comportamento de consumo até ali.

Essa nova estratégia comunicou valor na diferenciação percebida pelos consumidores, que, com as novas informações apreendidas, passaram a ter um comportamento mais crítico e exigente quanto às novidades oferecidas.

Desse momento em diante a busca das empresas por entender as mudanças capazes de comunicar valor aos seus mercados consumidores foi exigindo delas a transmissão de informações cada vez mais refinadas e voltadas às características desses consumidores, processo que acabou por estimular uma grande competitividade entre as mesmas empresas.

Assim se desenvolveram as tecnologias hoje conhecidas, alternativas que foram sendo produzidas à medida que velhos obstáculos eram superados e novos acabavam surgindo.

Toda a competitividade resultante desse processo não oferece mais espaço para criação e gerenciamento de empresas de modo amador.

1.2.1 – Planejamento

A orientação estratégica das organizações no atual cenário exige a busca de informações refinadas, normalmente oferecidas após a clara definição das características dos consumidores/mercado-alvo a ser perseguido.

Para isso, pesquisas mercadológicas de qualidade, representativas e precisas são necessárias, bem como ouvir todas as áreas da empresa, capturando suas percepções e somando as retiradas do ambiente externo à organização.

De posse das informações capturadas e tratadas, depois de analisadas as oportunidades e ameaças oferecidas e alinhadas aos pontos fortes a serem desenvolvidos pelas organizações, precisam ser definidos objetivos claros e, fruto da escassez cada vez maior de recursos, prioridades, necessariamente, determinadas para toda a organização e seus profissionais.

Só então, tais estratégias podem ser implementadas, ao encontro das metas definidas, as quais deverão ser monitoradas, revistas e corrigidas periodicamente, já que o contexto mercadológico sofre mudanças rápidas e, por isso mesmo, exige adaptações constantes nos planos traçados.

1.2.2 – Identidade – O *core business* da Organização

Com toda a velocidade inserida no contexto organizacional das empresas, gerir com eficiência deixou de ser uma "neurose" de executivos revolucionários para se transformar na única opção de sobrevivência para as organizações participantes de mercados competitivos.

O foco cada vez mais voltado para os mercados de *expertise*, na incessante busca por aprimoramento e identificação de vantagens competitivas, passou a orientar as empresas na definição clara de suas vocações, impedindo diversificações, ramificações e desenvolvimento de negócios fragmentados e não afins.

Não é possível a distribuição de energia/recursos da organização. Produzir muitas coisas boas já não é sinônimo de sobrevivência, é preciso ser o melhor ou estar entre eles no mercado em que se compete.

As vantagens competitivas, concentradas anteriormente nos custos ou diferenciação, passam a ser estabelecidas na comparação de produtos similares ou singularidade de produtos/serviços únicos.

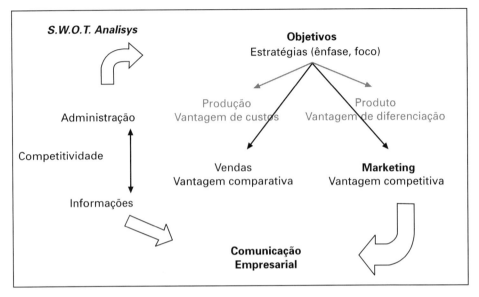

Figura 1.1 – O fluxo do planejamento.

1.2.3 – Inteligência Competitiva

A gestão da informação, diante de todo o contexto apresentado, é fator decisivo para o sucesso de uma empresa.

A busca constante por novidades, tratando as informações colhidas e permeando, com tais estímulos, toda a organização, colhendo e gerindo os *insights* ou sugestões criados por esse processo, é a nova atitude desejada no ambiente profissional, que faz toda a diferença para o desenvolvimento e sustentação da vantagem competitiva.

Só empresas inteligentes que são capazes de se redescobrir dia após dia estarão preparadas para o novo mercado consumidor, que amadurece rapidamente e se prepara para uma consolidação por acontecer.

1.2.4 – Cultura

Nunca foi tão importante a criação e a renovação do processo de desenvolvimento das empresas.

Se a tecnologia tornou-se um recurso comum, o diferencial a ser perseguido está nos processos, na forma como as inovações são construídas e na capacidade que a organização possui de desenvolvê-las.

O fator humano nesse contexto é mola condutora da inovação e, para tanto, precisa de acesso à informação de qualidade, de maneira contínua, preferencialmente mediante a aplicação de programas educativos, acadêmicos ou não, capazes de aprimorar a consciência e, assim, a consistência crítica de seus profissionais.

Só desse modo, incentivando valores comuns ao encontro do processo educativo, é possível a formação de um ambiente criativo, que estimula e favorece a troca de conhecimentos e o despertar da inovação.

Está na eficiência desses processos a capacidade de geração e sustentação de vantagens competitivas.

Apesar da forte similaridade entre os produtos desenvolvidos, os serviços oferecidos aos clientes farão toda a diferença, dificultando, porém, sobremaneira, a cópia de tais processos criativos, dada a sua complexidade, singularidade e abstração.

O desenvolvimento de uma cultura baseada na confiança pode oferecer processos mais ágeis, fundamentais para a percepção de valor dos consumidores, cada vez mais ávidos por soluções e respostas tempestivas.

A criação de comitês, colegiados, vem em favor dessa necessidade, por oferecerem celeridade aos processos de decisão, uma vez que a decisão é descentralizada, sem, porém, ampliar sobremaneira o risco organizacional, pois, apesar do risco que tal descentralização representa, as decisões colegiadas reduzem os riscos pela obtenção de consenso na equipe e dão mais velocidade à empresa, diferencial competitivo importante, ao se considerar que o tempo é, dia após dia, um recurso ainda mais valioso. Uma mudança que deixa de ser esporádica e concentrada para se apresentar cotidianamente e em pequenas alterações.

1.2.4.1 – Confiança e Risco

O ser humano é sociável por essência e busca nos relacionamentos que estabelece a realização de suas expectativas e interesses criados.

Quando observada a organização, não basta a análise de como são estabelecidas as relações entre os seus profissionais, mas entre estes e seus clientes, acionistas, fornecedores, enfim, entre todos aqueles que colaboram para a ampliação do valor percebido pelo consumidor final, impactando, portanto, sua decisão pelo produto/serviço desta ou daquela organização.

As relações de confiança desenvolvem-se de acordo com o nível de dependência e profundidade com a qual as relações são estabelecidas.

Os relacionamentos mais simples, a exemplo dos que envolvem a comercialização de um imóvel, não exigem nem podem exigir grande nível de confiança, por isso mesmo implicam, normalmente, a entrega de um cheque administrativo ou visado no momento em que se escritura o registro para a realização da operação.

Já os relacionamentos mais profundos e desejados envolvem, ou deveriam envolver, uma interdependência entre as partes, por oferecer oportunidades para os dois lados à medida que o relacionamento se desenvolve e a confiança se aprofunda.

Assim, a viabilidade dessa rede complexa de relacionamentos está diretamente ligada, como visto anteriormente, ao desenvolvimento da confiança entre os seus participantes e, então, da disposição deles em assumir riscos, já que toda ação, decisão, por essência, ocasiona a possibilidade de resultados inesperados e, até, indesejados.

O conceito de risco difundido, principalmente, entre os estudiosos das áreas econômicas e financeiras está presente em todas as situações cotidianas das pessoas e, portanto, das organizações.

Sua contextualização considera invariavelmente uma relação entre o retorno pretendido e as incertezas oferecidas para sua realização. Comumente, é apresentada uma relação que considera uma ampliação, proporcional ou não, dos riscos, em razão das oportunidades de retornos que as situações oferecem.

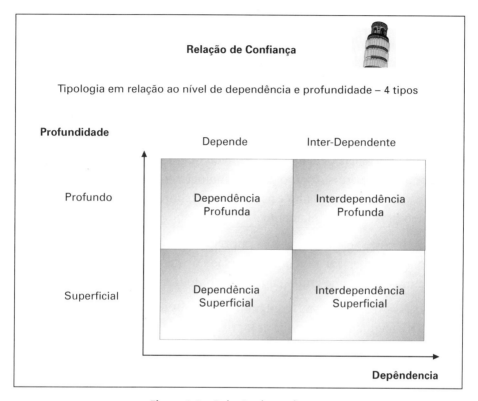

Figura 1.2 – Relação de confiança.

Quanto mais volátil, oscilante e dinâmica for a realidade social, maiores as oportunidades e, conseqüentemente, os riscos oferecidos para as organizações e pessoas que as integram.

A sociedade brasileira desenvolveu, ao longo dos últimos 30 anos, uma cultura que tem privilegiado as vantagens unilaterais, aumentando a percepção de risco por parte das pessoas e dificultando sua disposição em assumir posições/riscos e tomar ações nesse contexto.

Isso fez com que, em vez de aprender com a prudência que as experiências podem nos oferecer e aprimorar os processos decisivos, as pessoas assimilassem risco como sinônimo de perda; cultura que torna o aprofundamento dos relacionamentos mais lento, dificultando a integração de conhecimentos de maneira dinâmica e contínua, atrasando, de modo geral, o desenvolvimento competitivo de nossa sociedade.

Uma sociedade que se desenvolveu economicamente apoiada, de maneira substancial, pela intervenção governamental, reconhecidamente esgotada na sua capacidade de investimento na grande maioria dos países modernos.

A procura de culpados torna-se prioridade. Ao desviar a atenção da iniciativa privada e das pessoas que a compõem do principal objetivo que é o desenvolvimento de iniciativas capazes de oferecer eficiência ao processo produtivo da sociedade como um todo e aí, mais uma vez, a questão da logística é estrutural, já que tal eficiência depende do desenvolvimento de infra-estrutura – portos, estradas, aeroportos, da inovação tecnológica oferecida pela educação e investimentos em universidades e pesquisas –, reconhecidamente um "gargalo" competitivo brasileiro, amplamente difundido como "custo Brasil".

Os ambientes acadêmicos estão impregnados com as questões de ordem do momento, as quais envolvem a capacidade de desenvolvimento da criatividade e de uma cultura de empreendedorismo no nosso país.

Toda essa realidade está "contaminada" com riscos, mas, ao contrário do que muitos imaginam, oferece, na ação, riscos muito menores do que a crença de que, ao não agirmos, não assumimos riscos. Assumir risco é fator preponderante para o desenvolvimento da competitividade na nova realidade competitiva globalizada.

Não é coerente criticar essa realidade, uma vez que somos todos responsáveis por ela, ao exigirmos, como consumidores, preços menores e produtos/serviços melhores.

A redução da percepção de risco está ligada diretamente à redução do nível de exigência por parte dos consumidores, possível pela consciência de que tanta exigência é prejudicial à sua qualidade de vida, condição que parece difícil de ocorrer, ou pela redução do nível de competitividade entre as empresas e, conseqüentemente, do poder de barganha dos consumidores, estratégia que, aí sim, em razão dos constantes processos de fusões, incorporações e aquisições ocorridos nos últimos anos, parece estar sendo perseguida, principalmente pelas maiores organizações do mundo, em seus respectivos setores.

Se não é possível evitar o risco, na capacidade de desenvolver a competência para lidar com ele que está o verdadeiro diferencial para as pessoas e organizações do futuro.

1.3 – O *Mix* de Marketing

Observar todas essas variáveis, em um processo que envolva toda a organização, clientes e fornecedores, pode oferecer oportunidades de amadurecimento dessa "cadeia de valor" e ampliação dos benefícios oferecidos aos seus participantes.

Se está claro para todos que não é possível oferecer tudo o que os clientes desejam ao preço que esperam pagar, já que os recursos são limitados e, portanto, caros, é fundamental entender quais são as características do produto, as condições de preço, as informações que valorizam e a conveniência de acesso que esperam para estabelecer a melhor relação de equilíbrio entre essas variáveis, com o objetivo de conquistar a preferência do mercado consumidor em que está inserida a organização.

A questão logística e de distribuição está diretamente relacionada a todas essas questões, porém o enfoque deste capítulo limita-se a oferecer uma reflexão específica quanto à acessibilidade e, conseqüentemente, às estratégias de distribuição que possam oferecer maior conveniência na busca pelos consumidores por produtos/serviços.

Apesar da importância de um planejamento/alinhamento entre produtos, preços, promoções e pontos de distribuição de uma organização com seu planejamento estratégico, objetivos e estratégias definidas, parece importante ressaltar que o escopo dessa discussão diz respeito exclusivamente à questão da distribuição ou da acessibilidade do mercado de consumo aos bens e serviços produzidos para consumo ou uso.

1.3.1 – Canal de Distribuição

Os canais de distribuição têm por objetivo tornar os produtos e/ou serviços disponíveis para consumo e/ou uso.

Muitos são os benefícios oferecidos pelos canais ou intermediários. Entre os principais destaca-se a eficiência. Imagine o número de produtos e clientes que envolve as relações comerciais. Como seria se as pessoas tivessem de buscar todos os produtos de que necessitam nas indústrias que os fabricam? E a complexidade para as indústrias que teriam de entregar produto a produto, cliente a cliente?

Toda essa facilidade que os canais de distribuição agregam ao processo de comercialização favorece, ainda, o abastecimento, pois muitos dos fabricantes não teriam demanda suficiente para que fosse possível fazer entregas em alguns lugares, especialmente aqueles mais distantes, que, certamente, trariam sérias restrições na disponibilização de determinados produtos ou serviços.

O fato de o consumidor poder ter todos, ou quase todos, os produtos e serviços à sua disposição para escolher amplia seu poder de barganha, já que tem opções para decidir pela mais adequada. Esse contexto, no qual a competitividade é estimulada, é produtor de inovação, eficiência, produtividade e, por conseguinte, ampliação da capacidade de consumo do mercado em questão, quer seja pela redução de preços, quer seja pela melhora nos serviços que a referida competitividade tende a produzir.

Além de todos estes benefícios oferecidos pelos intermediários, ainda se destaca o poder de padronização que confere ao processo de comercialização, no qual, na grande maioria das vezes, os consumidores se comportam da mesma maneira, no acesso, na escolha e na forma de pagamento, a despeito do fato em que o tratamento individualizado e a inovação, já ressaletada, nunca foram tão valorizadas pelo público consumidor.

A capacidade de atingir os lugares mais longínquos, ampliando a oferta e encontrando novos mercados, é ampliada ao proporcionar a padronização da "forma" de comprar, reduzindo significativamente os custos de aquisição e favorecendo, portanto, a eficiência de todo o processo de distribuição.

Tanto empresas comoconsumidores são favorecidos, ampliando a capacidade de consumo e interesse de novos investimentos, graças aesta demanda existente, oferta de novos empregos, geração de renda e consumo que esta oferece, produzindo um ciclo virtuoso de geração de riqueza.

A conquista de tanta eficiência não é simples. Por detrás das estruturas distributivas (subsistemas comerciais) há muita complexidade. São questões que envolvem a posse e propriedade dos produtos comercializados, os processos que vão desde a promoção, com toda estruturação de comunicação que isto envolve, até a realização dos pedidos, oferta de financiamentos e entrega dos bens negociados.

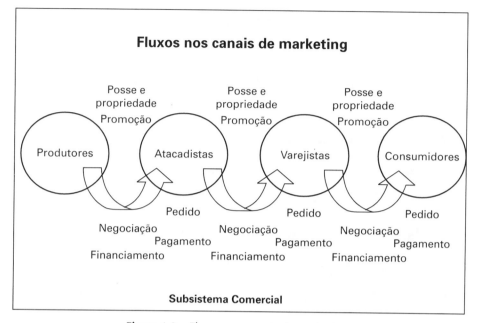

Figura 1.3 – Fluxos nos canais de marketing.

Verifica-se, então, o quanto o resultado da aplicação adequada de logística está impregnada em nossas vidas, desde o momento de levantar, dos lençóis da cama, a pasta de dentes, a escova, o café da manhã, o jornal, o transporte para o trabalho, até toda a parafernália de produtos e serviços disponibilizados para tornar possível a organização de nossas vidas pessoal e profissional, sem que tenhamos que parar para pensar no assunto.

Com o surgimento da Internet e toda facilidade gerada por este novo canal para o consumo, fica o desafio proposto, para o futuro, para a distribuição, assunto que será tratado mais detalhadamente adiante.

1.3.1.1 – Logística

1.3.1.1.1 – Evolução

A depressão enfrentada pelos americanos com o crash da bolsa de valores americana em 1929, tornou ociosa a capacidade industrial desenvolvida no final do século XIX, início do século XX.

O desemprego gerado, com conseqüências desastrosas, como a queda abrupta no consumo e no ambiente de risco majorado, exigia do governo americano providências com o objetivo de tentar reaquecer a economia.

O início da Segunda Guerra Mundial, em meados da década de 1930, surge como grande oportunidade para os americanos, que passam a direcionar seu parque industrial para a produção de armamentos e suprimentos para atender a demanda oferecida pela guerra.

Os Estados Unidos entram na guerra, movimentando volumes expressivos de insumos, tais como armas e munições, alimentos, homens e vestimentas, correspondências, remédios, entre outras coisas.

A complexidade de tal movimentação, principalmente quando considerada a restrição de conhecimentos dos locais para os quais tantos suprimentos eram demandados, oferece uma importante competência para os americanos, a qual viria a ser percebida apenas alguns anos após o fim da guerra.

A volta dos soldados para a América encontra uma série de condições favoráveis para o consumo, com destaque para o reaquecimento da economia norte-americana e o expressivo número de nascimentos provocado pelo reencontro e pela retomada da vida de muitas famílias, período que ficou conhecido como *baby boom*.

A competência logística adquirida durante a guerra somada a toda infra-estrutura desenvolvida para sustentar essa movimentação oferece naquele momento uma oportunidade muito interessante às empresas americanas: a oferta de produtos e serviços em qualquer lugar do país com preços muito acessíveis.

É desenvolvido um importante canal de comunicação com os consumidores: o catálogo, que, ao levar informações e opções para os consumidores, cria um ambiente de grande competitividade, estimulando inovação e consumo entre a população americana.

Nesse ambiente desenvolve-se o conceito de marketing, sendo observada uma realidade competitiva na qual o entendimento e a satisfação do consumidor são condições básicas para se conseguir conquistar mercado. Era o início de uma revolução no consumo.

Ao contrário dos americanos, que desenvolvem sua economia por meio da iniciativa privada, apoiada pela infra-estrutura do país, o Brasil inicia movimento similar na década de 1960, com o início de instalação das indústrias no país, apoiado por capital público, proveniente de um grande endividamento externo do país.

A década de 1970 ficou conhecida em nosso país como a época do "milagre econômico", em razão do grande desenvolvimento que promoveu, resultado da injeção governamental de recursos na economia que, como era de se esperar, promove a geração de emprego, renda, consumo e desenvolvimento social.

Ocorre que a concentração de investimentos começa a demonstrar suas rachaduras no final dos anos 70, quando o governo brasileiro, endividado, passa a transparecer algumas dificuldades financeiras que acabam por incentivar o *default* (não-pagamento) da dívida em 1982, no Governo Figueiredo, tendo como Ministro da Fazenda à época o atual Deputado Federal Delfin Neto.

O país enfrenta, então, a década perdida. Sem financiamentos, o Brasil fecha sua economia e privilegia a formação de monopólios e cartéis, contexto que pouco favorece os consumidores e, em um ambiente sem competitividade e recursos, mergulha a competitividade das empresas do país em um poço de ineficiência e alienação.

Não foi à toa que a abertura de mercado promovida no início da década de 90, pelo então Presidente da República, Fernando Collor de Mello, promove a falência de uma série de setores brasileiros, além de favorecer o enfraquecimento de tantos outros setores.

Por outro lado, essa abertura, possibilitou ao país retornar ao acesso de crédito e tecnologia, ingredientes básicos para o estímulo do desenvolvimento de uma economia.

Na tentativa de retomar o processo de crescimento econômico e desenvolvimento social do país, o processo de privatização procurou, também, fortalecer o caixa do governo, mas, principalmente, promover, com os investimentos realizados pela iniciativa privada, a geração de emprego, renda, consumo, impostos e benefícios.

A estabilização econômica dá seus primeiros verdadeiros passos em 1994, com a criação do Plano Real, e, com o fim de uma longa cultura inflacionária, começa a desferir fortes golpes de custos na cultura de estoques, resultado das oportunidades de aumento de preço que tal cultura ofereceu por anos a fio.

Um novo ciclo se inicia, no qual a competência de gestão dos processos logísticos (compra, movimentação, armazenagem e distribuição de produtos e informações) se faz fundamental para a sobrevivência e sustentação da competitividade das organizações brasileiras, diante da nova e pesada competitividade global encontrada pelo Brasil.

1.3.1.2 – Confiança e Distribuição

Neste ponto, cabe uma importante reflexão: se a distribuição é capaz de oferecer tanta conveniência para os consumidores, interferindo, provavelmente, de maneira providencial, na tomada de decisão do consumidor por este ou aquele produto/serviço e o processo logístico se torna essencial na gestão dos custos organizacionais na nova realidade competitiva, a agilidade do processo de tomada de decisão passa a ser fundamental para oferecer competitividade para as empresas.

Por essa razão, as decisões por terceirizar ou fazer a própria distribuição, usar o atacado ou o varejo, são decisões estratégicas para a organização e devem ir ao encontro das expectativas de redução de custos, com a capacidade de comunicar valor para o mercado consumidor.

Assim, como em nossa vida pessoal, o desenvolvimento dos relacionamentos entre as empresas e os canais utilizados para distribuir seus produtos obedecem a relação de dependência e profundidade existente e, por conseqüência, do nível de confiança necessário para se estabelecerem.

Se determinado público consumidor é exigente e tem preferência por determinado produto, demonstrando disposição em pagar um valor "prêmio" pela certeza de encontrar o produto que procura no canal, é interessante que o relacionamento entre o canal e o fornecedor tenha um maior nível de confiança, oferecendo benefícios para o canal, que, mediante a confiança desenvolvida, tem a certeza de que não faltará ou atrasará a entrega dos produtos procurados por seus consumidores e o fornecedor beneficia-se com o *plus* que o canal deve pagar pela qualidade e garantia de fornecimento oferecidas.

Já para o atendimento de mercados que objetivam a aquisição de produtos pelo menor preço a relação proposta faz pouco sentido. Na verdade, o que provavelmente deverá acontecer é a busca do canal pelo maior número de fornecedores possível, para a redução dos preços de aquisição, fruto da forte competitividade que tal estratégia oferece.

Há, porém, alguns riscos nesse tipo de relacionamento como, por exemplo, o de atraso nas entregas e até mesmo a possibilidade de *default* por parte do fornecedor, ou seja, das mercadorias adquiridas não serem entregues ao canal.

Na realidade brasileira, a exemplo do que vem acontecendo em mercados maduros de consumo, resultado do forte poder de barganha dos varejistas, pouco ou quase nada se investe no aprimoramento dos relacionamentos entre os canais e seus fornecedores, já que os varejistas, normalmente, pressionam substancialmente os fornecedores pela redução de preços e pela ampliação dos serviços oferecidos.

Essa realidade oferece grande oportunidade para aqueles canais que recebem, como clientes, consumidores mais críticos e dispostos a pagar por melhores serviços, pois o desenvolvimento da confiança, não responde, em tempo, de acordo com o volume de investimento realizado, por demandar um tempo mínimo para sua consolidação,

Este fato certamente irá favorecera competição por aqueles que iniciarem esse investimento antes, lembrando que essa opção só faz sentido se puder oferecer valor aos consumidores e eles estiverem dispostos a pagar por isso.

Imagine que todo o esforço que vem sendo empreendido por grande parte das empresas na busca de estabelecer relacionamento com seus consumidores, para impactar a percepção de valor quanto aos produtos/serviços oferecidos, espera a fidelização de seus mercados, a qual cada vez mais dependerá da capacidade que essas empresas terão de desenvolver alianças e parcerias.

Muitas vezes não é possível atender a demanda de um importante cliente simplesmente pela inviabilidade de custo que tal atendimento oferece. Por exemplo um cliente de uma companhia aérea que utilize sua ponte aérea diariamente. Com toda certeza ele é um cliente que oferece bons retornos à companhia. Agora, imagine que esse cliente uma vez por ano, no seu período de férias, faça a opção por viajar para esta ou aquela cidade de um outro país, que a companhia aérea em questão não atenda. Seria inviável o estabelecimento esporádico dessas rotas desejadas para atender o cliente esporadicamente, mas deixar de atendê-lo, certamente, representa, também, um risco que deve ser levado em consideração.

Foi para situações dessa espécie que as companhias aéreas têm estabelecido alianças importantes, oferecendo a seus clientes a comodidade de atendimento integral, ainda que se utilizando de parceiros para a realização do referido atendimento.

Nesses casos, os clientes com toda certeza se considerarão atendidos pela companhia que estão acostumados a se utilizar. Qualquer deslize do parceiro pode representar riscos importantes para o relacionamento estabelecido. Por isso, é fundamental que essa aliança ou parceria esteja ancorada por um alto nível de confiança e, portanto, de comprometimento entre as duas empresas.

Assim como nas relações de confiança entre as pessoas, as empresas devem ampliar a confiança com os seus canais, de acordo com o nível de exigência de seus consumidores.

Consumidores que buscam preço estimulam relações de baixa confiança entre fornecedores e canais, já que a orientação nesses casos é o menor preço, caracterizando essas relações apenas pelas transações que oferecem (operações ocasionais).

Já para consumidores que querem encontrar os produtos procurados, ainda que se configurem como *commodities*, e estão dispostos a pagar pela certeza de encontrar o que procuram, há necessidade de maior confiança entre o canal e os fornecedores, oferecendo oportunidade de cooperação entre eles.

Para clientes estratégicos, para quem a ampliação de serviços é sinônimo de fidelização, sem que isso se configure como custos expressivos, as alianças estratégicas são alternativas interessantes, porém que exigem alto nível de confiança, já que o mal atendimento pelo canal aliado oferece, de imediato, perda de valor para a empresa de relacionamento do consumidor que indicou o serviço prestado.

Por fim, para aqueles clientes muito exigentes, dispostos a pagar por alto nível de serviço, as relações entre canais e fornecedores exigem profunda confiança pelas oportunidades e riscos oferecidos, fruto da satisfação ou frustração sentida pelo consumidor.

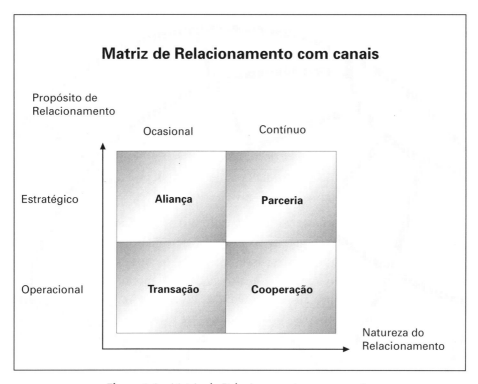

Figura 1.4 – Matriz de Relacionamentos com canais.

1.3.2 – Estratégia de Distribuição

Como ressaltado anteriormente, a decisão por realizar a própria distribuição ou terceirizá-la passa pelo nível de exigência do mercado de consumo, porque os fabricantes certamente têm uma condição superior de oferecer valor ao consumidor de seus produtos dado o nível de especialização e comprometimento que sua equipe de profissionais deve conter e acaba, por conseqüência, ampliando o valor percebido pelos clientes na oportunidade de disponibilização dos produtos e/ou serviços oferecidos.

Esse nível de especialização tem um preço considerável, já que a estrutura própria possui um limite de escala que um distribuidor terceirizado poderia ampliar, reduzindo, assim, o custo unitário da distribuição.

1.3.2.1 – Atacado

Os atacadistas freqüentemente possuem maior proximidade dos varejistas em relação à indústria, o que lhes oferece uma condição melhor de entender as necessidades e, portanto, de oferecer valor ao varejo na relação de comercialização.

O fato de conhecer a realidade de muitos varejistas oferece, também, a oportunidade de entregar serviços complementares, representando, em muitos casos, verdadeiras consultorias aos canais atendidos, a exemplo de alguns serviços de abastecimento de gôndolas ou de treinamento no ponto-de-venda (PDV) realizados por alguns atacadistas.

Outro ponto importante a ser destacado, no serviço prestado pelo atacadista, é a entrega de lotes menores. As indústrias, normalmente, possuem lotes econômicos que não atendem a necessidade dos pequenos e médios varejos, favorecendo e valorizando o serviço de entrega de lotes menores que muitos atacadistas oferecem, especialmente quando considerado o elevado custo financeiro atualmente imposto à manutenção de estoques e risco de obsolescência, em razão da constante mudança exigida pelos mercados de consumo mais exigentes.

Os atacadistas também oferecem oportunidades de marketing para seus fornecedores, por estarem explorando constantemente novos mercados de consumo.

Além disso, a escala que possuem tornam mais acessíveis tecnologias como a de monitoramento de frota ou de separação e estruturação de programas de distribuição.

Ainda assim, estrategicamente os atacadistas precisam, também, definir seu foco. Ser especialista ou "generalista"?

Essa forma de diversificar os produtos oferece maior oportunidade de redução de custos pela diversidade de produtos comercializados e melhor utilização da estrutura de distribuição, porém limita a capacidade de especialização da força de vendas pela complexidade existente no extenso portfólio de produtos oferecidos.

Para alguns segmentos essa falta de especialização representa séria restrição, já que seus mercados de consumo podem exigir serviços complementares, como, por exemplo, as orientações técnicas oferecidas pelos propagandistas dos laboratórios que visitam os consultórios médicos. Nesses casos, a especialização pode representar uma restrição e, então, a exigência de limites de atuação para o atacadista.

Tais restrições têm preço e, como ressaltado em todo o capítulo, só podem ser consideradas se o custo for reconhecido e pago pelo consumidor.

1.3.2.2 – Varejo

Os varejistas alcançaram nos últimos anos um grande nível de especialização, fruto, especialmente, da competência adquirida de entender o comportamento de consumo de seus clientes.

Eles foram literalmente aprendendo à medida que observavam o comportamento de seus clientes e colhiam suas impressões sobre os pontos valorizados por eles, passando, dessa forma, a desenvolver produtos baseados nesta percepção.

Os varejistas foram desenvolvendo com os clientes estruturas adequadas que oferecem, cada vez mais, alto grau de conveniência aos consumidores, atingindo níveis de sofisticação elevados, a exemplo das redes neurais e segmentos com comportamentos de consumo similares que possuem ou o gerenciamento por categoria que estimula o consumo de um produto por disponibilizá-lo de maneira organizada próximo a outro produto da mesma categoria que o cliente procura (a compra de um acessório, por exemplo).

Essa especialização deslocou para os pontos-de-venda grande parte das verbas de marketing das empresas, buscando chamar a atenção dos clientes, pois é no PDV que o consumidor acaba definindo sua compra, alterando, muitas vezes, a decisão por um produto ou serviço definida anteriormente à entrada no ponto.

Os varejistas também possuem alguns desafios estratégicos importantes.

A lucratividade envolvida está diretamente relacionada com os *spreads* ou as diferenças conseguidas entre os valores pagos e os obtidos na venda das mercadorias adquiridas, além dos benefícios financeiros alcançados na aplicação dos recursos disponíveis entre o momento do pagamento realizado pelo cliente e o prazo de pagamento concedido pelos fornecedores.

Assim, a decisão por volume está ligada a margens pequenas, com baixo nível de serviço, em contrapartida aos melhores serviços oferecidos em canais especializados, nos quais, freqüentemente, os produtos são oferecidos com margens mais elevadas e, por conseguinte, com giro reduzido.

A grande oferta de novos produtos também representa uma importante restrição já que os espaços de gôndola são praticamente os mesmos. Assim a oferta de variedade e sortimento, por exemplo, está ligada a preços mais elevados, exatamente pela complexidade que oferece.

A guerra pela oferta de conveniência para o consumidor também vem exigindo muita criatividade dos varejistas, porque a proximidade de alguns canais é uma conveniência difícil de ser superada. Por exemplo, com os consumidores que só se decidem com alto nível de serviços agregado (postos de gasolina e lavanderias, por exemplo) podem se dispor a percorrer distâncias maiores, na expectativa de ter outras demandas atendidas, otimizando o seu tempo. Daí a necessidade de agregar sólidos valores ao serviço ou produto ofertado.

As constantes intervenções do varejo, com a intenção de atrair a atenção dos consumidores, vêm oferecendo aprimoramentos ao sistema de distribuição, e quão maior é a oferta de conveniência de acesso e racionalização de tempo, maior a mudança no comportamento de consumo das pessoas, tendo em vista o atual incremento de compras por meio de farmácias, que dia após dia mais parecem pequenas mercearias, fenômeno explicado pela conveniência de acesso que tais pontos ofereceram aos consumidores.

A estratégia de distribuição, por tudo isso, deve necessariamente estar alinhada com a estratégia maior (competitividade por preço, por diferenciação, por exemplo) e objetivos definidos pela organização.

1.4 – Projeto de Sistema de Canal de Marketing

Apresentadas as necessidades de definição clara de segmentos de mercados a serem atendidos, objetivos e estratégias definidos, características e estrutura das alternativas de distribuição, é chegado o momento de realizar o planejamento de um sistema de canal de marketing eficiente.

Esse sistema deve considerar, em primeiro lugar, o alinhamento de seus objetivos com os objetivos e prioridades apresentados no planejamento estratégico da empresa, orientados pelas informações colhidas com suas pesquisas mercadológicas e das áreas da organização. Muitas vezes um produto pode ser considerado pouco demandado ou não assimilado por um mercado consumidor por suas características e, na verdade, a limitação apresentada dizia respeito à distribuição, ou seja, um produto de alto valor agregado provavelmente não terá sucesso em periferias, não pela falta de interesse dos consumidores, mas sim pela sua séria limitação de consumo, fruto da baixa renda *per capita* comum nessas regiões.

Assim, a escolha dos intermediários mais apropriados, que leve em consideração os seus pontos fortes e fracos em relação às oportunidades e ameaças apresentadas no planejamento estratégico da empresa, deve oferecer mais chances de sucesso, com melhores resultados, do que a simples utilização dos sistemas de distribuição que apresentam menores custos, comumente utilizados por muitos fabricantes.

1.4.1 – Serviços Desejados

Como orientação para qualquer decisão de qualidade é preciso entender, no caso da distribuição, quais são os serviços desejados pelos consumidores-alvo escolhidos.

Alguns exemplos são:

- **tamanho do lote**: lotes maiores oferecem, geralmente, preços mais atrativos para os consumidores, principalmente porque transferem parte dos custos de armazenagem, financiamento e riscos (roubo, obsolescência, validade) para o consumidor, mas o espaço físico ou o poder de compra, por exemplo, podem ser limitações apresentadas pelo consumidor que farão com que, apesar da melhor relação custo-benefício oferecida pelos lotes maiores, esses clientes optem por lotes menores com custos maiores;
- **tempo de espera**: quanto maior o tempo de espera, maior a previsibilidade de compra por parte do consumidor, que deverá se preparar para algumas de suas demandas, fato gerador de uma certa inconveniência para o cliente. Mas perceba que a conveniência não diz respeito apenas a velocidade, já que, em certas ocasiões, pode ser mais conveniente para o consumidor que o produto seja entregue depois de algum tempo, como, por exemplo, por ocasião da aquisição de móveis e eletrodomésticos, antes da entrega do imóvel. Geralmente, a pressa do consumidor tem

preço, pois exige do intermediário custos adicionais de estoques e sistemas de entregas mais eficientes;
- **conveniência espacial**: se você necessita de uma refeição no seu intervalo para lanche, a conveniência está em encontrar alternativas rápidas e à mão para consumo, ainda que isso custe mais caro. Já para compras de consumo futuro, um supermercado, mais distante de seu local de trabalho, mas com preços mais atraentes, pode ser a alternativa mais conveniente;
- **conveniência pessoal**: o aumento de criticidade dos consumidores está alinhado com sua demanda por alguns serviços especializados. Imagine que a maioria das mulheres atualmente trabalham fora de casa, sem deixar de responder pela maior parte das responsabilidades familiares. Essa realidade reduziu a condição de a mulher cozinhar, para favorecer a produção de produtos congelados, criando oportunidade para consultorias em supermercados, por exemplo, sobre quais produtos são mais adequados para a necessidade de cada cliente; as ouvidorias representam um novo tipo de serviço que utiliza a crítica do consumidor como insumo para aprimorar a qualidade dos serviços oferecidos para seus clientes;
- **variedade de produtos**: como discorrido anteriormente, a oferta de variedade disputa espaço nas gôndolas, fato que, comumente, representa custos maiores para o intermediário, portanto, preços maiores para os clientes. Se o consumidor estiver disposto a aguardar um pouco mais, por exemplo, a oferta de canais alternativos como os supermercados virtuais pode equilibrar essa realidade, já que esse tipo de canal não apresenta limitação espacial e não exige estruturas físicas de grande complexidade;
- **retaguarda de serviços**: serviços como financiamento e assistência técnica podem representar o diferencial entre vender ou não produtos, porque muitos consumidores dependem de financiamento para adquirir produtos e serviços e, nessa situação, de nada vale um pré-atendimento rápido e cortês se o consumidor tem de aguardar horas para acessar o financiamento.

O acesso a informações de qualidade e a correta utilização delas pode oferecer grande diferencial competitivo para a empresa. Essa realidade tem estimulado muitas organizações a investirem parte de sua energia e recursos no tratamento profundo das informações colhidas no canal de marketing (produtores, intermediários e consumidores), pois a inteligência adquirida pode representar a diferença entre competir e sucumbir na nova realidade competitiva global.

1.4.2 – Objetivos e Capacidade

Após entender as necessidades de serviços complementares apresentadas pelo mercado-alvo, é fundamental uma análise minuciosa para verificar se as necessidades estão alinhadas com os objetivos definidos pela organização (só faz sentido a oferta de determinados serviços se os clientes estiverem dispostos, de fato, a pagar por eles) e se a empresa tem condição de atender as necessidades apresentadas (restrições logísticas).

Naturalmente os consumidores gostariam de acessar o maior número de serviços possível, no entanto, na maioria das vezes, não estão dispostos a pagar por isso.

Conside como exemplo a situação apresentada anteriormente, na qual a pessoa busca por uma refeição no seu horário de lanche. A posse física da mercadoria e a proximidade de acesso são condições *sine qua non* para que o consumidor efetue a compra. Já na situação seguinte, na qual a compra objetiva o consumo futuro, ainda que o consumidor deseje a disponibilidade e a maior proximidade possível, nem sempre está disposto a pagar mais. Nessa nova situação, o preço pode fazer com que o consumidor se desloque uma distância maior, já que o tempo não representa, no exemplo proposto, uma restrição para o consumo.

A questão de custo pode representar uma importante restrição para o atendimento das necessidades de serviços apresentadas pelo consumidor, mas, em outras situações, as restrições específicas podem prejudicar a utilização de uma melhor relação de custo × benefício.

Veja o caso do pão integral: ainda que se perceba que a maneira mais eficiente de distribuição seria a distribuição em grandes cargas, já que o produto possui baixo valor agregado e o serviço de distribuição, em casos da espécie, agrega altos custos ao preço final do produto, limitações como perecibilidade e baixa resistência a peso, por exemplo, impedem a utilização dos meios mais eficientes para distribuir.

Neste ponto é fundamental notar que, ainda que o consumidor apresente exigências de alto nível de serviço, se a estratégia definida inicialmente pela organização foi a de competitividade por preços baixos, valor destacado pelo mercado-alvo por ocasião da pesquisa, os serviços a serem oferecidos devem estar alinhados com essa estratégia, já que o bom atendimento para o cliente, nesse caso, está vinculado, prioritariamente, ao menor preço possível, o que faz com que o bom tratamento e o alto nível de serviço seja preterido em favor do concorrente se isso representar preço final maior.

1.4.3 – Opções de Canal

Alinhadas as necessidades de serviços apresentadas pelos clientes, a capacidade logística de atendimento dessas necessidades e os objetivos e estratégias definidos pela organização, é hora de verificar quais os tipos e o número de intermediários mais adequados para a eficiência do canal de marketing.

1.4.3.1 – Tipos de Intermediários

São muitas as possibilidades de distribuição oferecidas pelo atacado e pelo varejo.

Entre elas, pode-se destacar: as lojas de varejo, a força de vendas própria, o *telemarketing*, o marketing direto, a venda porta a porta, os distribuidores industriais e, mais recentemente, a Internet.

Se a informação prestada pelo consumidor é estratégica para uma organização, os tipos mais adequados poderiam ser as lojas de varejo e a Internet, por exemplo, porque quando utilizado um atacadista a informação é filtrada pelo intermediário antes de chegar às mãos da indústria, oferecendo riscos à qualidade da informação repassada. Assim, nessa situação, o mais adequado seria ter acesso direto ao consumidor para ter a sua informação e observar o seu comportamento de consumo em tempo real.

Esse tipo de canal oferece maior complexidade e, portanto, custos e riscos para a indústria, em razão da falta de escalas (portfólio, capacidade de financiamento) para utilização exclusiva dessas estruturas. Isso faz com que grande parte dos fabricantes acabe optando por intermediários atacadistas, mais especializados e próximos dos varejistas pela escala que possuem, como relatado anteriormente.

Interessante observar que algumas iniciativas que ofereceram conveniência para os consumidores representaram o sucesso de determinados produtos. É o caso de algumas empresas de cosméticos que vão até a residência das pessoas e, ultimamente, estão presentes no local de trabalho, facilitando o acesso e, assim, estimulando o consumo dos produtos.

1.4.3.2 – Número de Intermediários

Ao se pensar em conveniência costumeiramente se imagina a facilidade de acesso a determinada coisa.

Por exemplo, em mercados nos quais a diferenciação oferecida por determinado produto é substancialmente valorizada, a restrição de acesso pode representar conveniência, porque os consumidores que acessam o canal costumam valorizar a restrição a consumidores comuns, o que gera percepção de valor para esse cliente, ainda que o seu acesso ao ponto não seja simples e rápido. Algumas grifes famosas de roupas, jóias e carros que, apesar de se utilizarem de lojas de varejo, possuem poucos e restritos pontos de acesso para seus clientes, vêm obtendo sucesso com essa estratégia. Essa forma restrita de acesso é conhecida como **Distribuição Exclusiva** e exige freqüentemente, em contrapartida ao limitado número de consumidores que acessa, desembolsos maiores dos clientes que procuram os produtos comercializados por esses canais.

Outras empresas, apesar de buscarem na diferenciação sua estratégia de colocação dos produtos e serviços a serem comercializados, ampliam um pouco mais o escopo de seu mercado-alvo, selecionando, porém, alguns segmentos de interesse bastante específicos. Essa estratégia de distribuição é chamada de **Distribuição Seletiva**, pois, apesar da ampliação de acesso que oferece em relação à Distribuição Exclusiva, ainda seleciona os consumidores que terão acesso aos produtos e serviços pelos canais identificados e utilizados.

Por fim, a estratégia mais comum e mais utilizada pelas empresas – até porque o grande volume de produtos consumidos atualmente são produtos conhecidos como *commodities*, pela similaridade que oferecem entre os diversos fabricantes – é conhecida por **Distribuição Intensiva** e se utiliza de vários tipos e grande quantidade de canais de distribuição para tornar seu produto o mais próximo possível da grande massa de consumidores.

Esse é um risco comum nos sistemas de distribuição, pois, especialmente em mercados em que a demanda é superior à oferta, há uma tendência dos canais em querer ampliar a oferta de produtos, o que pode, dependendo da estratégia do produtor, que foca a diferenciação, por exemplo, prejudicar a percepção de valor do consumidor, reduzindo sua disposição em pagar um "prêmio" para adquirir determinado produto ou serviço.

Assim, é fundamental o acompanhamento dos canais participantes do sistema de canal de marketing estruturado, procurando ajustar as ações desses pontos com a estratégia definida para o sistema. Quão maior for a exigência do consumidor, maior será a dificuldade de identificar canais eficientes para o seu atendimento, em razão do nível de exigência por serviços superiores do segmento.

Observa-se que os canais de distribuição, em especial, os varejistas, foram assumindo ao longo dos últimos anos uma importância muito grande, especialmente quando é considerado que a maior parte dos serviços de marketing (coleta de informações, promoção, negociação, pedido, financiamento, posse física, propriedade, riscos, pagamento, entre outros) se deslocou para o PDV, fato que justifica, mais uma vez, o poder adquirido por esses intermediários, resultado da especialização que adquiriram no mercado consumidor.

Ao ser considerada a realidade competitiva atual é essencial que os participantes do sistema de canal estejam alinhados na estratégia maior, pois qualquer desvio na política de preços, condições de negociação (descontos, financiamentos, devoluções) podem comprometer todo o sistema, especialmente aqueles que envolvem uma comunicação padronizada, como, por exemplo, as franquias e associações de varejistas.

1.5 – *Supply Chain Management* (SCM)

A busca incansável por reduzir custos, iniciada pelas empresas nos últimos anos, ofereceu a percepção de que ao longo de uma cadeia de suprimentos era possível encontrar sinergias operacionais entre os diversos participantes que acabaram proporcionando importantes reduções de custos para as empresas que se associaram.

Em princípio, essa realidade, estimulada por conceitos como o *just-in-time* (JIT), acabou sendo imposta pelo participante mais forte da cadeia, conhecido também por "Capitão" do Sistema, oferecendo vantagens exclusivamente para os participantes detentores do poder nas relações da cadeia.

Apesar dos bons resultados alcançados, essas iniciativas acabaram se deparando com a perda de qualidade no fornecimento de alguns produtos, já que a responsabilidade por redução de custos, sem benefícios imediatos, ficou exclusivamente por conta dos elos mais fracos da cadeia.

Quando são consideradas teorias como a das restrições, que indicam como única alternativa o incremento da eficiência e o fortalecimento dos elos mais fracos de um sistema, chamados de gargalo, parece que esse tipo de iniciativa caminha frontalmente contra a proposta de eficiência de uma cadeia produtiva.

O estudo dessa realidade ofereceu a oportunidade de enxergar a importância de alinhar as atividades primárias e de apoio de uma cadeia de suprimentos, a exemplo da cadeia de valor, integrando seus participantes com o objetivo maior da cadeia, que deve ser a geração de valor para o cliente. Assim, por mais distante que se encontre um fornecedor do consumidor final é fundamental que ele perceba que a escolha por este ou aquele produto pode fazer toda a diferença entre o lucro ou prejuízo do seu negócio. Quando alguém resolve comprar um sanduíche, ganha o varejista que comercializou o produto, mas também ganham os fornecedores de pão e de carne de hambúrguer, os produtores de alface, de tomate, de trigo, de farinha de trigo, de leite, de queijo, os fornecedores de defensivos agrícolas e, por sua vez, as indústrias químicas, fornecedoras destes fornecedores.

Essa posição oferece a visão de quanto valor pode ser agregado se todos os integrantes de uma cadeia como essa resolverem se integrar, na busca de sinergias e inovações capazes de gerar valor para o produto final a ser adquirido pelo consumidor.

1.5.1 – A cultura da Confiança

Muitos alunos me perguntam: se essa reflexão pode oferecer, com tanta clareza, a visão das oportunidades existentes no processo de integração ou gestão conjunta da cadeia de suprimentos, por que as empresas resistem a implementar esse conceito?

E a resposta é: cultura.

Todos vivemos o exercício do poder em nossas vidas, ora exercendo, ora nos subordinando a ele.

No Brasil, em especial, nas últimas décadas, as pessoas foram incentivadas a tirar toda a vantagem possível em seu próprio benefício nas negociações de que participassem.

Essa realidade vivida pela grande maioria dos empresários criou uma resistência natural a acreditar que é possível confiar nas parcerias propostas e revelar informações estratégicas, até porque ao revelá-las, teoricamente, acreditam que ficam fragilizados na negociação, já que os argumentos utilizados nas negociações relacionados com margens inferiores, resultados deficitários ou custos elevados podem cair por terra quando visualizados os números da organização.

A visão individual tem sido priorizada em detrimento do conjunto, fato que dificulta seriamente a implementação do conceito do SCM.

É preciso dar início a um processo de reeducação das crenças organizacionais, demonstrando os benefícios que o referido processo integrativo pode representar para os participantes de uma cadeia e, acima de tudo, ter no principal *player* dessa cadeia o indutor do conceito.

Imagine uma família que tem seu orçamento familiar deficitário mês após mês. Se nenhuma atitude for tomada, quanto à redução dos gastos de seus membros, certamente ela poderá entrar em insolvência.

A atitude mais comum é o membro que detém o poder, que participa com o maior salário do orçamento, chamar a atenção dos demais para a necessidade de redução dos gastos, sem reduzir, porém, os seus próprios gastos. É o famoso discurso desalinhado com a prática.

Os membros mais fracos são forçados a realizar cortes percentuais relevantes de seus gastos para atingir o corte nominal necessário para o equilíbrio orçamentário.

Nesse caso, apesar de realizarem os cortes, forçados pelo principal membro da cadeia, o fazem sem assimilar a sua importância para a geração de competitividade de todos os integrantes. O fazem reduzindo, ao mesmo tempo, a qualidade, na maioria das vezes, dos insumos utilizados, das inovações necessárias e não oferecidas, prejudicando a percepção de valor do cliente e, apesar de solucionada muitas vezes a questão do custo, inicialmente, "dão um tiro no pé", já que o cliente por perceber menos valor se dispõe a pagar menos e, com isso, exige novas reduções de custos, levando a cadeia a um processo muitas vezes destrutivo.

Essa realidade demonstra o quão importante, para a percepção de valor, para o desenvolvimento da confiança entre os membros de uma cadeia é a iniciativa do membro mais forte, que propõe o aumento da eficiência, assumindo proporcionalmente a sua parte (nominalmente maior, na maioria das vezes) como exemplo para que todos os demais se proponham a colaborar.

Assim, o pai corta parte de seus gastos, procurando sensibilizar os filhos da importância de cada um colaborar para buscar o equilíbrio no orçamento familiar, já que sem tal iniciativa, provavelmente, todos vão perder dia após dia, ainda mais, a sua capacidade de consumo.

O poder dessa iniciativa pode mobilizar os participantes de tal maneira que a busca pela eficiência pode tornar-se prioridade e, nessa busca, soluções inimagináveis surgem com a construção do capital intelectual da cadeia e, conseqüentemente, de vantagens competitivas sustentáveis, dadas a agilidade, a singularidade e a dificuldade de identificar e copiar esses processos.

Assim são construídos contratos formais de confiança que ao longo do tempo tendem à informalidade e ao aprofundamento entre os diversos membros da cadeia.

Não se pretende com essa análise, dizer que se trata de uma proposta simples; pelo contrário.

A clara dificuldade apresentada para a introdução do conceito na realidade organizacional demonstra a oportunidade existente para aquelas organizações que tomarem a dianteira nesse processo, já que a conquista dos diferenciais propostos não depende apenas do investimento financeiro. O tempo demandado para sua implementação e seu aprimoramento existirá independentemente da capacidade financeira da organização. A demanda por tempo para sua consolidação existirá sempre, oferecendo vantagem para aquelas empresas que saírem na frente e mantiverem seu investimento voltado para o desenvolvimento dessa cultura de integração.

1.5.2 – Iniciando o Aculturamento

Se é difícil sensibilizar os participantes, como começar?

Assim como no seu orçamento familiar, dirija seus esforços, inicialmente, aos principais centros de custo do processo, presentes, em geral, nos participantes com maior influência.

Ao contrário do que se imagina, a solução não está no corte dos supérfluos, freqüentemente responsáveis pela menor parte e, muitas vezes, insuficiente para o equilíbrio do orçamento. O corte ideal envolve mudanças importantes como a redução do aluguel/prestação da casa própria ou da mensalidade escolar. Só assim é possível equilibrar os gastos e, em determinadas situações, até mesmo criar a oportunidade de iniciar um processo de poupança capaz de devolver, a longo prazo, a capacidade de consumo dos envolvidos.

O fato é que a implementação do conceito depende de um primeiro passo, que precisa ser do participante mais forte da cadeia. Quando se refere a uma empresa, trata-se da área com maior orçamento, maior importância e, portanto, com maior poder.

Ao falar de cadeias de suprimentos, estamos nos referindo à empresa com maior concentração da riqueza na cadeia, como é o caso da indústria no setor automobilístico ou do varejo no segmento de alimentos.

O passo do mais forte favorece a percepção de valor, de necessidade da mudança e implementação do conceito, além de favorecer o desenvolvimento da confiança entre os participantes, especialmente no que diz respeito às mudanças propostas e aos resultados esperados.

Assim, em uma empresa de varejo, em razão do alto volume de recursos direcionados para a área de compras, o ganho de eficiência nessa área pode representar redução significativa nos custos totais. Se, por outro lado, a busca pela redução desejada for direcionada para as áreas de recursos humanos ou marketing (principais "colaboradores" dos cortes organizacionais), o que poderia representar um ajuste imediato para a organização, no médio/longo prazo o impacto pode vir a ser substancialmente negativo para a empresa, visto a necessidade de cortar expressivamente os orçamentos envolvidos por causa da meta nominal de corte e menor participação orçamentária dessas áreas no orçamento global.

O corte em áreas como as mencionadas provoca sérios reflexos no relacionamento com seus mercados, pois a prestação de serviços, realizada por pessoas, vem se configurando dia após dia como o grande diferencial competitivo, quando é levado em consideração que a tecnologia atualmente é um grande *commodities*, ou seja, está disponível para toda e qualquer empresa que desejar acessá-la e tiver capacidade para tal.

Sem pessoas preparadas e comprometidas com os objetivos organizacionais é difícil pensar em estabelecer uma comunicação de qualidade, capaz de levar a percepção de valor para os consumidores e direcionar sua decisão de compra para este ou aquele produto/serviço.

1.5.3 – O SCM, a Cadeia de Valor e o Desenvolvimento Econômico

O alinhamento das atividades primárias de uma organização (compras, produção, comercialização etc.) e a geração de valor que esse alinhamento pode oferecer dependem da eficiência com que as atividades de apoio (recursos humanos, marketing, tecnologia etc.) suportam as primárias, ancoradas pelo nível de profundidade com que todas essas áreas se integram.

Esse modelo, conhecido como cadeia de valor, oferece uma visão interessante do que se propõe para o *Supply Chain Management*.

Na atividade logística, por exemplo, atividades como pedido, manutenção de estoques e transporte são consideradas primárias, já que um pedido mal realizado ou mal interpretado ou seu desalinhamento com os estoques existentes (o pedido de um produto não existente no estoque) pode comprometer a qualidade de todo os próximos passos ao longo da cadeia.

Além disso, atividades como a de armazenagem, manuseio de mercadorias, manutenção de informação, programação da produção, entre outras, são importantes atividades de apoio para a qualidade com que se desenvolverão as atividades primárias e, só por meio de sua total integração (atividades primárias e de apoio) será possível gerar valor ao longo do processo e impactar positivamente a percepção do mercado-alvo proposto.

Toda essa eficiência gerada pelo aprimoramento e integração dos processos de fornecimento e distribuição amplia o nível de especialização dessa atividade produtiva, produzindo reduções de custo que, por sua vez, oferecem oportunidades de redução de preços ou ampliação do nível de serviços ofertados, dependendo da estratégia de posicionamento da empresa (vantagem de custos ou diferenciação).

Preços menores e serviços melhores tendem a encontrar novos mercados, novos consumidores, os quais, com a nova demanda criada, oferecem oportunidades de empregos, renda e novos benefícios, isto é, de desenvolvimento econômico, com a riqueza gerada por esse ciclo virtuoso.

1.6 – O SCM e o Novo Milênio

Entre os diversos desafios lançados para a humanidade neste novo milênio, certamente está o de humanizar ou o de re-humanizar o mundo.

A forte competitividade instalada no final do século 20 provocou uma forte individualização de objetivos, prejudicando necessidades comuns.

O esforço por comunicar valor, na busca de conquistar a preferência dos consumidores, revolucionou os canais de comunicação, consolidando tecnologias como a televisão, os computadores pessoais e inserindo inovações como a Internet, ainda com efeitos imprevisíveis no comportamento das pessoas para as próximas décadas.

Ainda que essa revolução tenha trazido importante contribuição para o desenvolvimento da humanidade, em áreas como a medicina, agricultura, educação, entre tantas outras, expôs a discriminação e outras diferenças existentes entre o primeiro mundo e os países emergentes, ou em desenvolvimento, como são chamados.

O acesso à informação despertou o interesse para o consumo entre as classes menos privilegiadas e com menor renda Os turnos extensos de trabalhos, necessários à manutenção mínima de dignidade, ampliaram ainda mais as diferenças educacionais, afetivas e de valor entre as classes mais pobres. A falta de perspectiva e o forte apelo pelo consumo apóiam o constante crescimento da violência, em especial nos grandes centros urbanos, aumentando as incertezas sobre o futuro da sociedade civil organizada.

Eventos como os constantes enfrentamentos entre a polícia e os traficantes na cidade do Rio de Janeiro demonstram o enfraquecimento do poder público, acuado por tantas burocracias e regras oferecidas para o sistema, favorecendo a entrada para a criminalidade de jovens ávidos pelo consumo e sem valores estruturais, tais como afetividade e solidariedade, fruto da violência, exclusão e descaso vividos em seus próprios lares.

Não é possível pensar que essa realidade seja responsabilidade desta ou daquela pessoa ou instituição. Quando um sistema começa a sucumbir, todos pagam um alto preço, a exemplo da depressão americana de 1929 ou da própria crise Argentina ocorrida nos últimos anos.

A realidade impõe uma mudança de comportamento. Exige que pessoas e instituições se apóiem na busca por alternativas que reduzam as diferenças sociais e ofereçam oportunidades para todos.

1.6.1 – O Exemplo da Europa

No final da década de 1980, os países europeus passavam por um momento econômico extremamente difícil.

O alongamento da expectativa de vida, somado à expressiva redução do número de filhos nas famílias européias, oferecia uma grave realidade: o excesso de compromissos previdenciários sem a perspectiva de entrada de novos contribuintes, capaz de manter o sistema atuarial vigente.

Isso deu início a uma série de movimentos no continente entre os governos que propunham mudanças nos sistemas existentes e a população que lutava para não ver esses direitos conquistados perdidos diante da realidade que se configurava.

Era preciso coragem para "ressuscitar" uma economia decadente que dava fortes sinais de recessão, com os efeitos que essa crise certamente traria para a sociedade européia (redução de empregos, salários, consumo, impostos e os benefícios por eles viabilizados, incremento da informalidade e desarranjo social).

Assim se fortalecia a idéia de um mercado único que tinha por objetivo a redução das barreiras comerciais, o aumento do capital e a mobilidade da mão-de-obra. Uma proposta de integração que via na queda de barreiras alfandegárias e no incentivo ao comércio entre os países da Europa a única saída para revitalizar uma economia enfraquecida e que dava claros sinais de falência. Um desafio monstruoso quando consideradas as diferenças culturais, sociais, as diversas línguas e, principalmente, as diferenças econômicas entre os países do bloco.

Contra tudo e contra todos aqueles que entendiam impossível uma iniciativa de tal magnitude, em 07 de fevereiro de 1992 foi assinado o Tratado de Maastricht, o qual entrou em vigor no dia 1º de novembro de 1993. O tratado originou a União Européia (UE) e expandiu o foco da integração. Inicialmente formada por 15 países: Bélgica, Alemanha, França, Itália, Luxemburgo e Países Baixos (Holanda) – primeiros a propor uma integração em 1951; Dinamarca, Irlanda, Reino Unido (Inglaterra, Escócia, País de Gales e Irlanda do Norte), os quais se integraram aos primeiros em 1973; Grécia (1981), Portugal, Espanha (1986), e, finalmente, Áustria, Finlândia e Suécia, que se integraram ao bloco em 1995. Recentemente (1º de maio de 2004), o mundo assistiu a integração de mais dez países (Estônia, Chipre, Lituânia, Hungria, Malta, Polônia, Letônia, Eslovênia, Eslováquia e República Tcheca). Existem ainda outros três países candidatos a se integrarem ao bloco (Turquia, Romênia e Bulgária).

Sem dúvida, trata-se de uma proposta revolucionária, a qual imaginava, ainda, uma moeda comum para todos aqueles países no futuro.

O sucesso desse empreendimento dependia do fortalecimento dos elos mais fracos daquela cadeia. Países que necessitavam de investimentos para alinhar suas economias aos parâmetros mínimos (inflação, endividamento público, entre outros) fixados para a coexistência dos países parceiros naquela proposta.

Nem todos os países da UE fizeram a opção pelo euro, mesmo estando qualificados de acordo com o Tratado de Maastricht. Apesar de pertencerem à União Européia, Dinamarca, Suécia e Reino Unido não adotaram o euro e mantiveram suas moedas correntes, que flutuam em relação ao euro, bem como o poder para conduzir suas próprias políticas monetárias.

Ainda assim, no dia 1º de janeiro de 2002, os demais 12 países que compunham, à época, a União Européia, introduziram fisicamente as novas cédulas e moedas bancárias do euro em suas economias, de maneira que, no final de fevereiro daquele ano, suas moedas correntes haviam sido retiradas de circulação por completo e o euro tornado-se a única moeda a circular naqueles países.

No início, novamente, os pessimistas viam naquele momento a ameaça de enfraquecimento de uma proposta que foi superando obstáculos e inserindo a Europa, outra vez, como um grande competidor e importante mercado de consumo mundial. Tal pessimismo desvalorizou fortemente a nova moeda diante do dólar americano, mas a disciplina e a determinação venceram mais uma vez e mostraram que os países participantes acreditavam na proposta e continuavam investindo nos mais fracos para fortalecer o mercado comum.

O euro começa a se valorizar ante o dólar, realidade que passa a ser um problema para o mercado, que vê na força de sua moeda um ponto fraco à competitividade de países como o Brasil,

Em decorrência disso, os custos competitivos que possuem e apoiados por uma moeda não conversível ou enfraquecida diante do euro e do dólar americano, passam a ter preços bastante competitivos para participar de um novo mercado europeu revitalizado e comprador.

Perante a sua complexidade e os resultados atingidos até o presente instante, esse exemplo pode demonstrar a força que a integração proposta pelo SCM representa.

O desenvolvimento desses processos integrativos envolve a consolidação de relações de confiança para que ocorram as transferências de *know-how* e redução dos processos burocráticos, recursos não conquistados apenas com investimentos financeiros, isto é, independentemente do volume de recursos a que as empresas estejam dispostas a investir. Essa competência demanda tempo para ser conquistada e consolidada, fato que oferece importante diferencial para aquelas organizações que saírem na frente.

É claro que essa proposta apresenta riscos importantes, como em qualquer grande oportunidade, já que se fala da abertura de estratégias competitivas e de acordos comerciais, além da necessidade de investimentos razoáveis para a sua implementação.

Ainda assim, é fundamental a reflexão de que em uma realidade de grande competitividade, com clientes cada vez mais esclarecidos e exigentes, não há como não correr riscos, uma vez que a criatividade, indutora dos processos inovadores, pressupõe comportamentos empreendedores, ou seja, disposição para assumir riscos.

No futuro próximo, a competitividade será estabelecida entre cadeias de suprimento e não mais entre empresas como nos acostumamos a assistir, resultado do valor que será percebido pelos clientes, fruto do aprimoramento dos serviços prestados, alinhados com as prioridades definidas com o consumidor final, ao longo de toda a cadeia de suprimentos, uma cadeia que supre uma série de demandas iniciadas pela demanda do consumidor final.

Processos integrativos exigem participações nominais menores aos participantes da cadeia, visto que, mais focados em suas principais atribuições (*core business*), o pequeno esforço de todos e a otimização que isso significa para o sistema como um todo podem representar substancial vantagem competitiva para a cadeia que, mantido esse comportamento de integração, passa a desfrutar da construção e da manutenção de vantagens competitivas sustentáveis.

Uma nova visão de negócio, mais abrangente, que vê na pequena contribuição de cada fornecedor dos fornecedores ou cliente dos clientes a oportunidade de geração de valor para todos que participam da produção de produtos ou serviços que compõe os produtos e serviços que serão consumidos ao final da cadeia.

1.6.2 – Novas Competências

Essa nova realidade impõe novas competências a profissionais e empresas, entre as quais se destacam a necessidade de integração entre o conhecimento do que se faz e a capacidade de visão holística, ou seja, de entender o processo como se fosse único, procurando enxergar oportunidades de agregação de valor pela atividade de cada área.

Não será mais possível a existência de lideranças que não têm a menor idéia do que se faz em determinada área ou que, apesar de toda a especialização que possuem, não sejam capazes de perceber o valor existente em todo processo, apresentando uma visão míope e egoísta sobre valor, investimentos e prioridades.

Também não será possível a existência deste ou aquele ativo mais importante, pois o valor estará na eficiência gerada pela integração dos ativos e não pelo valor individual deles.

Todas as decisões organizacionais, desde a definição de objetivos comuns, estratégias e prioridades para seu atingimento até a implementação, acompanhamento e correções que se fizerem necessárias, devem considerar a colaboração e os efeitos para os principais *stakeholders* da organização, isto é, aquelas pessoas que desempenham papéis fundamentais no processo de desenvolvimento e sobrevivência da organização, entre os quais é importante destacar os acionistas, colaboradores e clientes e também os fornecedores e a própria comunidade em que está inserida a empresa.

Só com essa integração será possível minimizar os riscos de falha e insucesso ao inserir produtos e serviços para consumo ou uso e reduzir a burocracia, tornando mais ágil o processo produtivo e reduzindo os estoques intermediários, com efeitos absolutamente positivos na busca por redução de custos.

1.6.3 – A Demanda "Puxada"

A demanda "puxada" é uma nova proposta que muda significativamente a forma de gestão das organizações, no momento em que revoluciona a qualidade da informação de toda a cadeia produtiva.

Atualmente os processos orçamentários ainda consideram o sistema de previsão para planejamento dos objetivos organizacionais, ou seja, utilizam-se de dados históricos e perspectivas para projetar demanda, custos etc. Esse procedimento vem apresentando limitações importantes, especialmente quando se leva em consideração que os consumidores mudam continuamente seu comportamento de consumo, fazendo com que os resultados de determinado mês sejam completamente diferentes do mesmo período do ano anterior.

O resultado disso é que, cada vez mais, as organizações "empurram" seu excedente para o mercado, cristalizando uma cultura que percebe valor apenas nas liquidações, as quais deixaram de acontecer nos momentos de renovação dos estoques para se tornar uma constante na oferta do varejo, de maneira generalizada.

O consumidor é condicionado a procurar por oportunidades de preço, em detrimento a valorização de diferenciais que agregam valor ao produto oferecido.

O SCM oferece uma nova visão e oportunidade a essa realidade, quando integrada à cadeia e disparada a informação no momento em que a compra ocorre.

Quando há a integração na cadeia de suprimentos, no momento em que o consumidor realiza a sua compra, toda a cadeia de fornecimento é integrada por meio da informação repassada pelo varejo naquele momento.

Dessa forma, os fornecedores têm a informação em tempo real de como está se comportando a demanda, o que lhe oferece condições de ajustar sua produção de acordo com a necessidade, evitando custos com aquisição de insumos desnecessários, financiamento elevado de estoques intermediários, redução de margens para desova de produtos acabados em excesso, além da possibilidade de indicação de ações corretivas quando percebida uma redução no consumo de um determinado produto.

Imagine, por exemplo, uma indústria de eletrodomésticos que, por acompanhar *on-line* o volume de produtos consumidos de sua linha nos pontos-de-venda, verifica uma queda importante na compra de determinada máquina de lavar roupas, em certa região.

A primeira ação é o ajuste na demanda por peças, reduzindo seus pedidos para o fornecedor, que também já tem a informação da queda na demanda mencionada e pode replicar imediatamente tal ação para os fornecedores anteriores ao processo. A seguir a indústria pode acionar o seu canal de relacionamento (vendedores, representantes, distribuidores etc.) para verificar com os pontos-de-venda os fatores que levaram a essa redução.

Com a visita, pode ser possível constatar, por exemplo, que as máquinas estão fora da área de decisão dos consumidores, o que prejudica a possibilidade de o consumidor optar pelo produto. A correção do problema deve auxiliar o ajuste da demanda, voltando aos níveis normais.

Esse processo evita o "truncamento" na informação, que, normalmente, acaba chegando ao fabricante (quando chega) meses depois, quando, por previsão, muitas máquinas já foram montadas, sem que existam consumidores potenciais como se imaginava.

A implementação do conceito faz com que substanciais custos sejam evitados, fato que beneficia a todos da cadeia, reduzindo, inclusive, riscos de inadimplência e ampliando a vantagem competitiva de todos, resultado da eficiência na gestão de custos e acompanhamento da demanda nos pontos-de-venda.

A entrada de novas tecnologias como a etiqueta inteligente (carrega consigo o histórico de movimentação da mercadoria), que funciona por radiofreqüência, pode trazer verdadeiras revoluções para o consumo, como, por exemplo, a possibilidade de redução de *check outs* (caixas) nos pontos-de-venda, facilitando a compra, processo que deve estimular a ampliação do consumo ante a conveniência que oferece. As pessoas escolhem seus produtos com a referida etiqueta e, ao passar por uma leitora de código de barras, com capacidade para ler grande quantidade de produtos (até 200 por segundo), têm o total da compra realizada com o acesso automático ao débito em seu cartão (possível pela tecnologia de *chip* atualmente em implementação), exigindo do consumidor apenas a impostação de sua senha para validação da operação.

Essas mudanças farão com que a forma tradicionalmente conhecida de consumo sofra mudanças significativas, em razão da acessibilidade e comodidade que oferecerão aos consumidores.

Cada vez mais a tecnologia assumirá as funções essencialmente operacionais ao liberar a mão-de-obra para a prestação de serviços mais qualificados, situação que deve oferecer boas oportunidades para aquelas organizações que compreenderem quais são os serviços capazes de alterar positivamente a percepção de valor de seu mercado consumidor.

1.6.4 – O Alinhamento Estratégico

Não basta a implementação do conceito de SCM em uma cadeia.

Em face da importância que a qualidade da informação vem adquirindo ao longo dos últimos anos na orientação das melhores decisões da organização, todas as ações devem estar alinhadas com os objetivos organizacionais propostos. Se uma organização se decide por um posicionamento de diferenciação em determinado mercado, os planejamentos de produtos, custo, produção, comunicação, distribuição precisam estar alinhados, caso contrário o insucesso na colocação de determinado produto ou serviço pode ser relacionado ao preço, por exemplo, quando, na verdade, o sistema de distribuição é que não estava adequado.

Para exemplificar, imagine uma empresa que tem na diversidade de seu portfólio produtos com maior e menor valor agregado, porém os de menor valor agregado (*commodities*) tomam a maior parte da linha. Essa situação orienta a maior parte das empresas para a busca de uma distribuição com o menor custo possível, já que os produtos de baixo valor agregado são beneficiados por sistemas de distribuição em larga escala, com a redução de custo unitário que referida estratégia oferece para os produtos.

Para os produtos de maior valor agregado, porém, essa estratégia pode ser muito prejudicial, ao oferecer, por exemplo, o risco de reduzir a percepção de valor do consumidor que, ao notar que o produto é vendido em diversos pontos, o que o torna acessível para a grande maioria dos consumidores, diminui sua disposição em pagar um prêmio maior para adquiri-lo. Se esse cliente busca alto nível de diferenciação, a exclusividade na distribuição pode representar a diferença de valor e disposição em pagar margens maiores.

As pessoas podem pensar que um CD é um CD e, portanto, não faz nenhum sentido se pagar mais que o dobro do preço só porque o mesmo produto está sendo distribuído em pontos diferenciados. Ocorre que, nesse caso, o valor que a embalagem de uma grife famosa pode oferecer ao presenteado faz com que o comprador se disponha a pagar um valor bem maior do que pagaria normalmente.

Dificilmente se venderia um computador de mão, do tipo *Notebook*, de R$ 35 mil em um supermercado e provavelmente as pessoas diriam que não vende porque é muito caro. Porém, há pessoas, especialmente aquelas que trabalham com o desenvolvimento de *softwares*, que, por perceber neste novo equipamento a oportunidade de reduzir o tempo de processamento de suas operações, não só estão dispostas a pagar o valor como também indicar consumidores com o seu perfil para o ponto-de-venda, comportamento conhecido com marketing viral.

Os exemplos mencionados procuram chamar a atenção para um problema corriqueiro enfrentado por organizações: o tratamento dispensado ao sistema de distribuição.

Grande parte das empresas trata a questão logística como uma operação, sem se preocupar com o seu alinhamento estratégico, o que pode representar sistemas muito eficientes, porém sem eficácia, isto é, operações com o melhor processo que não atingem o objetivo, em mercados competitivos: a satisfação do consumidor.

Esse é um dos principais alertas a ser levado aos executivos responsáveis pelo planejamento estratégico das empresas. O alinhamento dos sistemas de distribuição com a estratégia global é condição *sine qua non* para o futuro da competitividade organizacional, especialmente se forem consideradas as oportunidades de sinergia e inovação oferecidas na integração das cadeias de suprimento.

1.6.5 – Sistemas Verticais e Horizontais de Canal

As oportunidades de ganhos de sinergia e inovação não se limitam aos participantes do sistema vertical de canal, o qual envolve desde fornecedores dos fornecedores (produtores), passando por distribuidores, até clientes dos clientes. Os sistemas horizontais, os quais envolvem a concorrência, também oferecem importantes oportunidades para as empresas, principalmente quando se considera as constantes mudanças vividas no mercado globalizado.

Muitas oportunidades têm surgido (Leste Europeu, Ásia, África, Oriente Médio) em mercados emergentes de consumo, porém, com elas, muitos riscos também são oferecidos, fruto da falta de transparência, concentração de renda e desigualdades socioculturais desses novos mercados.

Apesar dos riscos apresentados, as empresas não podem ignorar as oportunidades e podem encontrar nas parcerias um caminho interessante para explorar esses novos consumidores, diluindo os riscos de aprendizado (cultura, logística, inadimplência, restrições legais, entre outros).

Algumas empresas brasileiras têm constituído esse tipo de parceria para explorar os novos mercados de consumo que se apresentam, parcerias impensáveis anteriormente, a exemplo do que ocorreu, recentemente, com duas grandes indústrias do setor de alimentos (carnes e alimentos congelados).

Infelizmente, na maioria das vezes por diferenças culturais (gestão familiar, perfil de risco), muitas dessas parcerias acabam por se encerrar em momentos que passos mais ousados são requeridos, prejudicando, muitas vezes, a consolidação desses processos.

1.6.6 – Conflitos

Ainda que se consiga "educar" grande parte dos *stakeholders*, sensibilizando-os para a importância do processo de integração na busca por competitividade para a cadeia de suprimentos como um todo, é fundamental compreender que, assim como em qualquer relacionamento bem-sucedido, sempre ocorrerão conflitos, para que não haja frustração na busca por implementar o modelo.

Os conflitos são normalmente gerados por incompatibilidade de metas, papéis e direitos indefinidos, diferenças de percepção ou independência dos participantes.

A grande competitividade instaurada na nova realidade de competição global vem induzindo muitas organizações a estabelecerem metas incrivelmente ousadas, para não dizer inalcançáveis, instigando o comportamento individualista de seus profissionais que procuram, a qualquer preço, cumprir as metas estabelecidas, quer seja na busca por remunerações maiores, quer seja para obter prestígio e ampliar, assim, seu nível de empregabilidade na organização.

O problema é que esse comportamento fragiliza as relações de confiança da empresa, o que vai de encontro a todo o processo de geração de valor defendido até aqui.

Quantos de nós já não viveu a experiência de presenciar ou até mesmo participar de uma discussão sobre limites comerciais extrapolados por este ou aquele representante comercial, em razão da falta de definição clara, por parte da empresa, dos papéis e limites de cada colaborador.

A falta de equacionamento quanto aos valores de uma organização oferece o risco de interpretações e atitudes individuais, de acordo com os valores e experiências de cada pessoa, favorecendo o surgimento de conflitos e, o que é mais grave, entraves para sua solução.

Em um sistema de distribuição, por exemplo, a falta de regras claras pode prejudicar substancialmente o processo de integração.

No subsistema comercial, atualmente, um dos motivos mais comuns na geração de conflitos advém da grande independência adquirida pelos varejistas.

O fortalecimento do relacionamento com os consumidores, fruto do aprendizado quanto ao seu comportamento de consumo, vem fazendo com que os varejistas pressionem cada vez mais os demais integrantes da cadeia de suprimentos, com o intuito de transferir a maior parte dos ganhos com sinergias e inovações para eles, comportamento que tende a "contaminar" todo o processo de integração, forçando os demais integrantes a replicar, na maioria das vezes, as exigências iniciadas pelos varejistas, na busca de manter suas margens intactas.

Essa independência pode inviabilizar toda a estratégia quando, por exemplo, um canal, ao adquirir determinado produto, decide aplicar uma margem abusiva no preço de compra, inibindo com essa ação o acesso de uma série de consumidores ao produto em questão.

Ainda que toda a cadeia tenha trabalhado para produzir valor, reduzindo seus custos de processos, com a falta de integração do varejista, que tem a responsabilidade de se relacionar com o consumidor, o valor pode ser perdido quando o canal despreza as premissas de competitividade estabelecidas para a colocação de determinado produto/serviço, como no exemplo em questão.

1.6.6.1 – Administrando Conflitos

Orientar a energia e compromisso dos profissionais para os objetivos da organização é um dos maioresdesafios na Administração Moderna, capaz de reduzir os conflitos de interesses pessoais, já que, atingidos os objetivos globais, todos se beneficiam e podem ter, por conseqüência, seus interesses e valores reconhecidos.

É comum a cultura de identificar "culpados" existente nas organizações, o que prejudica sobremaneira a consecução dos objetivos das empresas.

A disputa pelo poder, além de reduzir as chances de integração dentro da própria organização (e ainda mais entre organizações), cria altos níveis de burocracia, na busca de proteger áreas e pessoas contra eventuais retaliações, realidade que amplia tempo e, portanto, eficiência dos processos produtivos, sem mencionar os estoques intermediários, majorados na tentativa de evitar a escassez, em caso de mudança nas políticas da organização (mudança de comando, retaliação entre áreas de conflito).

Quando, porém, um problema da organização é colocado para as diversas áreas como uma restrição comum, oferecendo riscos para todos de uma forma geral, normalmente o que se vê são atitudes de integração na busca pela solução em benefício da organização e não na busca de proteção individual.

Recordo-me de um caso apresentado por um colega de mestrado que viveu situação similar em sua organização. Ao ser chamado para uma reunião nos Estados Unidos, com diversas áreas e diversos profissionais de vários países da empresa, foi surpreendido quando o diretor-geral, ao entrar na sala onde se encontravam todos os profissionais envolvidos em um determinado projeto, informou a todos que estavam demitidos. Contava ele que "... estava uma guerra, literalmente". E todos perderam..

"Foi uma das piores sensações que já vivi... na realidade, acreditava que havia sido chamado para ser promovido", lembrava.

Todos, perplexos, calaram-se. O diretor disse, ainda, que apesar de a notícia ser ruim, oferecia uma oportunidade para que todos os presentes recuperassem seus empregos durante aquela semana. O desafio era que todos, juntos, encontrassem uma solução para o problema que se apresentava e que, se fosse encontrada, por todos, não só recuperariam seus cargos como seriam promovidos.

Lembro-me de sua emoção ao descrever em detalhes um dos momento mais criativos vividos em toda a sua vida profissional. A mudança de foco dos profissionais, na tentativa de se proteger, em busca de uma solução conjunta que beneficiaria a todos, ofereceu a oportunidade de criação de uma importante rede de relacionamentos – "... a de maior importância que tenho, até hoje", finalizou.

Situações semelhantes a essa servem como um bom exemplo para ajudar a entender "como" é possível estabelecer objetivos comuns dentro de uma organização, na busca por administrar conflitos, freqüentes, no dia-a-dia das empresas.

Parece importante ressaltar, porém, que os profissionais poderiam ter simplesmente virado as costas e aceito a demissão, caso não tivessem interesse em permanecer naquela organização, o que poderia representar um grande risco para a empresa, já que se tratavam de executivos, que carregavam parte importante da história da companhia utilizada como exemplo.

Ainda assim, em alguns casos, a falta de entendimento pode levar a decisões extremas, como, por exemplo, a necessidade de demitir, de fato, todos os profissionais em questão, sob pena de manutenção e, até, ampliação dos conflitos, caso mantidos nas mesmas condições identificadas. Se, por um lado, há risco em demitir profissionais já com experiência na organização, há risco maior em mantê-los sem resolver os conflitos existentes entre eles e a empresa.

A troca de pessoas é uma atitude extrema, a qual deve ser evitada a todo custo, sob pena de gerar perdas para ambos os lados. Os fóruns arbitrais são alternativas cada vez mais adotadas pelas empresas que percebem nessas instituições a oportunidade de decisões imparciais, capazes de satisfazer os dois lados, sem custos expressivos, por ocasião da existência de conflitos.

1.7 – O Futuro da Distribuição

Vivemos uma grande fase de transformação, talvez uma das mais importantes, entre as tantas vividas ao longo dos últimos séculos.

A revolução causada pela Nova Economia, baseada nos canais de telecomunicações, especialmente representados pela Internet, ofereceu uma verdadeira explosão de acesso a informações, promovendo, rapidamente, a mudança permanente no comportamento das pessoas. Na medida em que esse acesso vai aumentando, as informações passam até a as suas referências, até então, tidas como premissas em suas vidas.

Toda essa mudança vivida, principalmente, ao longo dos últimos trinta anos, pegou de surpresa e foi contaminando diferentes gerações, com seus valores e experiências, oferecendo, atualmente, uma diversidade de consumidores, para os quais valor tem diferentes conotações.

Imagine uma compra efetuada por meio da Internet; para nossos avós, certamente, essa operação seria algo quase inimaginável. Talvez para nossos pais seja algo possível, mas, para nós, trata-se de uma operação simples de ser realizada, em especial para as compras de menor valor, diante da facilidade oferecida por esse canal. Já para garotos e garotas de hoje, no futuro, será uma transação corriqueira e, por mais estranho que pareça, incomum será alguém não utilizá-lo para suas compras.

O desafio atual é atender a expectativas tão diferentes, de públicos com comportamentos tão diversos.

Ainda que essa realidade ofereça riscos e oportunidades para todos, perante o estabelecimento da sociedade de consumo, de maneira generalizada ao redor do mundo, é preciso olhar para o presente e começar a pensar no futuro. Sim, pensar.

Só por meio da capacidade de observar e experimentar coisas novas é possível pensar e, até, interferir nas tendências para o futuro.

As organizações precisam investir em áreas que sejam capazes de viver com um pé no futuro, sem perder de vista o passado e o presente. Profissionais que se especializem em buscar inovações, capazes de induzir os comportamentos de consumo no futuro.

Imagine um garoto de sete anos. Como se comportará, quanto ao consumo, no futuro? Se pararmos para observar suas preferências e influências sofridas no presente, certamente seremos capazes de projetar suas preferências e direcioná-las. Da mesma forma, veremos que, normalmente, um garoto se mantêm cerca de quatro horas diárias defronte de um *videogame* com aquela "musiquinha" infernal. Não é difícil imaginar que, no futuro, essa melodia, por mais estranho que possa parecer, influenciará sua decisão pelo tipo de canção que terá preferência.

Lembro-me de um aluno que, seguindo essa lógica, conclui que, provavelmente, essas pessoas serão mais violentas também, visto que os referidos jogos trazem fortes traços de violência como estratégias para conquistar os objetivos. Infelizmente, sou obrigado a concordar com ele.

Sem estratégias governamentais que incentivem a melhor distribuição de renda, de modo que ofereça acesso ao consumo para a maior parte da população, e sem iniciativas que favoreçam o ingresso dos jovens ao esporte, para corroborar, adequadamente, com o desenvolvimento de sua disciplina, integração, respeito às regras e extravasamento desses estímulos de violência, pode-se esperar a continuidade do aumento exponencial da violência que temos vivido para os próximos anos, haja vista a frustração que vem sendo provocada pelo acesso à informação, sem, porém, poder acessar o produto/serviço que, freqüentemente, oferece.

1.7.1 – A Internet e o Novo Comportamento de Consumo

O acesso ao consumo por meio de um "clique" no teclado do computador e, mais recentemente, no teclado dos telefones celulares vem oferecendo uma verdadeira revolução na maneira de pensar negócios das organizações, resultado da mudança, já percebida, no comportamento dos consumidores.

O aumento expressivo da concorrência, ampliando o nível de exigência e reduzindo a tolerância dos consumidores, já é sentido pela grande maioria das empresas.

Se as operações pela Internet, por um lado, têm preços mais acessíveis, todo o investimento exigido, a redução de margens oferecidas pela nova realidade competitiva e a necessidade de aculturamento dos consumidores para esse novo canal, por outro, tornam os investimentos mais arriscados e seu retorno ainda mais demorado.

Entre as diferenças que se apresentam entre o varejo tradicional e o novo modelo (espaço, sortimento, entrega, experiência), fruto desse novo canal, a que merece maior destaque diz respeito a questão logística.

Se hoje é comum que as pessoas busquem a maior parte dos produtos e serviços demandados em lojas de varejo tradicionais, no futuro, é bem provável que o farão pela Internet, promovendo uma mudança estrutural na forma tradicional de distribuição de mercadorias, hoje adquiridas em lotes, que passarão a ser entregues individualmente. Mudança esta que impõe um importante desafio de custos para a sobrevivência das organizações, o qual precisa começar a ser pensado imediatamente, sob risco de inviabilizar muitos dos negócios atualmente existentes.

Por outro lado, alguns varejos virtuais, que apareceram sob o pretexto de extinção dos grandes centros de distribuição existentes (estoques elevados) – se imaginava que seria capaz a realização de compras, com os fabricantes, concomitante à demanda formalizada pelos consumidores por meio dos *sites*, estratégia que se mostrou ineficiente pelo fato de ser imprevisível o número de pedidos que serão realizados em dez dias ou em um ano –, já experimentaram a necessidade de formação de estoques e enfrentam o paradoxo da nova tecnologia com os mesmos processos logísticos.

Dessa forma, está na capacidade de combinar estoques e entregas uma das mais importantes competências a ser desenvolvida pelas organizações, ante a necessidade crescente de manutenção de estoques próprios para atender aos consumidores, em contrapartida aos custos que referida manutenção impõe, especialmente quando considerada a rápida obsolescência sofrida pela maioria dos produtos, atualmente.

Um CD lançado, por exemplo, por R$ 30,00 (trinta reais), pode valer pouco menos de R$ 10,00 (deis reais) em cerca de quatro meses. Assim, se não ter o CD, no momento em que o consumidor o deseja, pode significar a transferência do cliente para um outro canal, comprometendo as metas mínimas exigidas para a manutenção do negócio, tê-lo em excesso pode significar importante perda, caso necessário sua manutenção por tempo elevado em estoque e, até mesmo, a sua venda abaixo do custo, para a recomposição dos estoques.

1.7.2 – O Maior "Gargalo": A Entrega

Estudos realizados por diversas empresas especializadas no serviço de distribuição mostram que grande parte dos consumidores realiza suas compras em um raio de dois quilômetros de seu local de trabalho e residência.

Assim, todo o processo produtivo tende a se manter, exceção feita ao que vem sendo chamado de *last mile*, ou última milha, em referência à medida americana de distância, visto que é nessa parte da cadeia que a distribuição deve sofrer sua maior mudança. Sem dúvida, essa mudança acarretará o aumento dos custos de distribuição, especialmente dos canais varejistas, acostumados com a ida do consumidor ao ponto para aquisição das mercadorias.

A predominância de modais mais caros, como o aéreo e o rodoviário, devem impor restrições ainda mais graves à competitividade, já bastante comprometida, às empresas brasileiras, resultado da obsolescência e da falta de capacidade oferecidas pela infra-estrutura brasileira, o que conhecemos por "Custo Brasil".

Algumas alternativas vêm sendo apontadas para reduzir as ameaças apresentadas anteriormente, entre as quais se destacam os serviços especializados de entrega, a exemplo daqueles oferecidos pelos correios e empresas de *courier*, que vão tendo os prêmios ampliados de acordo com o tempo para a entrega demandado. Esse sistema, que amplia os custos para aqueles consumidores que desejam ter mais rapidamente acesso às suas correspondências, reduz o custo para a grande massa de consumidores que podem esperar, tornando mais competitivo e acessível essa forma de prestação de serviço, fato que favorece o desenvolvimento de uma cultura que se utilize desses canais, diante da conveniência por eles oferecida. Serviços de *motoboys*, *webvans*, entre tantos outros, vêm sendo desenvolvidos ao encontro da realidade apresentada.

Nesse sentido, a sofisticação dos serviços, como, por exemplo, a entrega de diversas categorias de produtos (DVDs e vídeos locados, compras, serviços de lavanderia, entre outros), por um único operador logístico, deve reduzir sensivelmente os custos unitários de distribuição e, então, novamente, incentivar a utilização dessas opções.

1.8 – Constatações

As diversas reflexões sugeridas ao longo deste capítulo, algumas são estruturais, visam a busca de sistemas mais eficientes de distribuição, capazes de garantir a constante conquista de inovações e de sustentar a competitividade das organizações, são destacadas as que seguem:

- Gestão:
    - é fundamental a profissionalização das organizações e seus sistemas, com a implementação de ferramentas como o planejamento estratégico, orientado por pesquisas de mercado consistentes que possam oferecer informações precisas como insumos de todo o processo;

- por meio dessas informações, é necessária a definição de objetivos claros e, conseqüentemente, de estratégias e prioridades capazes de favorecer o seu atingimento, propondo-se ações e monitorando-as, para o aprimoramento do sistema.
- **Canal de Marketing:**
  - só faz sentido falar em distribuição capaz de gerar valor na percepção do consumidor em mercados competitivos, se esse sistema considerar quais os serviços capazes de oferecer conveniência para os clientes, ao encontro do que eles consideram como conveniência e alinhados com o quanto os consumidores estão dispostos a pagar por ela.
- **Planejando o sistema de canal:**
  - conhecer os serviços que têm valor para os clientes, alinhar essa demanda com a capacidade de atendê-la (levando em conta eventuais restrições logísticas existentes) e decidir pelos serviços que serão vendidos (tipos e número de intermediários), em busca dos prêmios que os consumidores estão dispostos a pagar pelos serviços oferecidos;
  - é importante ressaltar o alinhamento desse sistema com o planejamento estratégico e as prioridades definidas por ele (posicionamento – custo ou diferenciação; opção estratégica – distribuir ou terceirizar; identidade – atacado ou varejo/generalista ou especialista).
- **Comportamento de consumo:**
  - o futuro começa agora: é fundamental a observação imediata de hábitos que certamente impactarão o comportamento de consumo das pessoas no futuro, procurando inserir novas dinâmicas capazes de orientar os futuros comportamentos.
- **A vantagem competitiva sustentável:**
  - os serviços serão os grandes responsáveis pela capacidade de inovar e, então, fidelizar os consumidores, diante da dificuldade de imitação desses processos, oferecidos pelas relações de confiança e, por sua vez, pela disposição de transferir conhecimento pela organização (capital intelectual) que os profissionais responsáveis por estes serviços terão;
  - o processo de integração que o sistema mencionado oferece pode ser extrapolado para toda a cadeia de suprimento, criando a oportunidade de uma gestão conjunta de todo o processo de suprimento dessa

cadeia (*Supply Chain Management* – SCM) e benefícios que referida gestão pode oferecer para a competitividade de seus membros;
- a integração como meio de geração de valor para o consumidor final, que no caso da distribuição é representada pela capacidade de oferecer conveniência.

Durante todo este capítulo, diversos assuntos (Pesquisa Mercadológica, Tecnologia da Informação, Estratégia, Planejamento Estratégico, Sistemas de Gestão, Macroeconomia, Análise de Investimentos, Marketing de Relacionamento, Marketing Pessoal, Endomarketing, Gestão do Conhecimento, Desenvolvimento e Alinhamento de Competências Organizacionais, Liderança, Marketing Digital, Marketing Social e Societal, Ética, Marketing Financeiro, Logística e Canais de Distribuição) foram abordados de maneira integrada, demonstrando que a qualidade de gestão de uma organização não depende da aplicação desta ou daquela atividade de modo mais eficiente, mas sim da integração entre as diversas áreas existentes em uma empresa e os personagens que a envolvem.

Oportunidade e Risco

As constantes e aceleradas transformações pelas quais passamos, produto do declínio de certas tradições, oferecem oportunidades àqueles que antes não tinham escolhas, porém, apresentam, também, fruto dessas oportunidades, que rompem com as tradições, a incerteza do novo e do inesperado, trazendo os riscos que este novo mundo, permeado pelas mudanças, oferece.

Se não é possível evitar o risco, o desafio está em aprender a lidar com ele, preparando as pessoas para uma nova realidade pessoal e profissional, na qual a competência do gerenciamento do risco representará a diferença entre sucumbir ou sustentar a competitividade, entre ter feito parte da história e ser o futuro da história, a diferença entre o saudoso e seguro mundo velho e o sedutor, porém arriscado, mundo novo.

Somente a pessoa que corre riscos é livre!
Seneca (orador romano)

1.9 – Referências Bibliográficas

AAKER, David A.; KUMAR, V.; DAY, George S. *Pesquisa de marketing*. São Paulo: Atlas, 2001.

ALBERTIN, Alberto L. *Comércio eletrônico*. São Paulo: Atlas, 2001.

ARGYRIS, Chris. *Ensinando pessoas inteligentes a aprender*. Gestão do Conhecimento. Harward Business Review, 2000.

BABA, Marietta L. *Dangerous liaisons*: trust, distrust, and information technology. In: American work organizations Human Organization. Washington: Fall, 1999.

BARNEY, Jay B. *Looking inside for competitive advantage*. The Academy of Management Executive. Ada, 1995.

_____. *Organizational culture*: can it be a source of sustained competitive advantage? University of California, Los Angeles, 1986.

BELL, Geoffrey G. *Trust deterioration in an international buyer-supplier relationship*. Journal of Business Ethics, 2002.

BENNIS, Warren; BIERDERMAN, Patricia Ward. *Os gênios da organização*. Rio de Janeiro: Campus, 1998.

BERNSTEIN, Peter L. *Desafio aos deuses*: a fascinante história do risco. Rio de Janeiro: Campus, 1997.

_____. *Why is risk such a hot four-letter word?* Journal of Portfolio Management. New York, 1999.

BERTAGLIA, Paulo Roberto. *Logística e gerenciamento da cadeia de abastecimento*. São Paulo: Saraiva, 2003.

CHETOCHINE, Georges. *Marketing estratégico da distribuição*. São Paulo: Makron Books, 2000.

CHLEBA, Márcio. *Marketing digital*. São Paulo: Futura, 1999.

CHOPRA, Sunil; MEINDL, Peter. *Gerenciamento da cadeia de suprimentos – estratégia, planejamento e operação*. São Paulo: Prentice Hall, 2003.

CHRISTOPHER, Martin. *Logística e gerenciamento da cadeia de suprimentos*. São Paulo: Pioneira, 1997.

COHEN, Stephen S. *Social capital and capital gains in Silicon Valley*. California Management Review. Berkeley, 1999.

COLLINS, James; PORRAS, Jerry L. *Feitas para durar*. Rio de Janeiro: Rocco, 1995.

CONNOLLY, Terry. *The decision competence paradox*. New York: Georgia Institute of Technology, 1980.

COOPEY, John. *Learning to trust and trusting to learn*. Management Learning, Thosand Oaks, 1998.

COUGHLAN, Anne T.; ANDERSON, Erin; STERN, Louis W.; EL-ANSARY, Adel. *Canais de marketing e distribuição*. São Paulo: Artmed Editora S/A, 2002.

COUTINHO, Luciano; FERRAZ, João Carlos. *Estudo da competitividade da indústria brasileira*. São Paulo: Papirus Editora, 1995.

DACIN, Peter A.; BROWN, Tom J. *The company and the product: corporate associations and consumer product responses*. Journal of Marketing, New York, 1997.

DAS, T. K.; TENG, Bing Sheng. *Between trust and control*: developing confidence in partner cooperation in alliances. Baruch College, City University of New York. New York. HR.com, 2000.

DONEY, Patricia M.; CANNON, Joseph P.; MULLEN, Michael R. *Understanding the influence of national culture on the development of trust*. Academy Management Review. Florida, 1998.

DOZ, Yves L. *Managing core competency for corporate renewal*: towards a managerial theory of core competencies. Corporate Renewal Initiative, 1994.

DRUCKER, Peter. *Desafios gerenciais para o século XXI*. São Paulo. Pioneira, 1999.

FLEURY, Maria T. L.; FLEURY, Afonso. *Aprendizagem organizacional*. São Paulo: Atlas, 1997.

FUKUYAMA, Francis. *Trust. The social virtues and the creation of prosperity*. Free Press Paperbacks. New York, 1995.

GAMBETTA, Diego. *Trust: making and breaking cooperative relations*. Eletronic Edition. Department of Sociology, University of Oxford, 2000.

GHOSHAL, Sumantra; BARTLETT, Christopher A. *A organização individualizada*. Rio de Janeiro: Campus, 2000.

GIBSON, Kevin. *The moral basis of stakeholder theory*. Journal of Business Ethics, 2000.

GIBSON, Rowan. *Repensando o futuro*. São Paulo: Makron Books, 1998.

GIDDENS, Anthony. *As conseqüências da modernidade*. São Paulo: UNESP, 1990.

_____. *Mundo em descontrole* – o que a globalização está fazendo de nós. Rio de Janeiro: Record, 2002.

HALL, R. *Organizações: estrutura e processos*. Rio de Janeiro: Prentice-Hall, 1984.

HAMMEL, Gary. *A era da revolução*. HSM – Management. São Paulo, fev. 2001.

HARMON-JONES, Eddie; MILLS, Judson. *Cognitive dissonance* – progress on a pivotal theory in social psychology. American Psychological Association. Washington, 1999.

JIAN Jiun-Yin; BISANTZ, Ann M.; DRURY, Colin G. *Towards an empirically determined scale of trust in computerized systems: distinguishing concepts and types of trust.* Departament of Insustrial Engenieering, State of University of New York at Bufalo, 1999.

JONES, Gareth R.; GEORGE, Jennifer M. *The experience and evolution of trust*: implications for cooperation and teamwork. Academy of Management Review. Texas, 1998.

KAKU, Michio. *Visões do futuro*. Rio de Janeiro: Rocco, 2002.

KANTER, Rosabeth Moss. *Gestão de pessoas, não de pessoal*. Rio de Janeiro: Campus, 1997.

KITSON, Michael; MICHIE, Jonathan. *The Political Economy of Competitiveness*. Londres: Routledge, 2000.

KOTLER, Philip. *Marketing para o século XXI – Como criar, conquistar e dominar mercados*. São Paulo: Futura, 2000.

KRAMER, Roderick M.; TYLER, Tom R. *Trust in organizations* – frontiers of theory and research. California: Sage Publications, 1996.

LEWIN, Arie Y.; STEPHENS, Carroll U. *CEO attitudes as determinants of organization design*: an integrated model. Organization Studies. Berlin, 1994.

LOEWENSTEIN, George. *The creative destruction of decision research*. Journal of Consumer Research. Gainesville, 2001.

MARCH, James G. *How decisions happen in organizations*. HCI Editorial Record. Stanfort University, California, 1991.

MARCH, James G.; SHAPIRA, Zur. *Managerial perspectives on risk and risk taking*. Management Science, Stanford University, California, v. 33, n. 11, November 1987.

MARCH, James. G.; SIMON, Herbert A. *Teoria das organizações*. Rio de Janeiro: FGV, Serviço de Publicações, 1970.

MINTZBERG, Henry. *Inside our strange world of organizations*. New York: The Free Press, 1989.

MONTGOMERY, Cynthia A.; PORTER, Michael E. *Estratégia*: a busca da vantagem competitiva. Harvard Business Review Book. Rio de Janeiro: Campus, 1998.

MORGAN, Garreth. *Imagens da organização*. São Paulo: Atlas, 1996.

NAHAPIET, Janine; GOSHAL, Sumantra. *Social capital, intellectual capital, and the organizational advantage*. Academy of Management. The Academy of Management Review Mississippi State, 1998.

NONAKA, I.; TAKEUCHI, H. *Criação de conhecimento na empresa*. Rio de Janeiro: Campus, 1997.

NOVAES, Antonio Galvão. *Logística e gerenciamento da cadeia de distribuição*. Rio de Janeiro: Campus, 2001.

PORTER, Michael E. *Estratégia competitiva*. Rio de Janeiro: Campus, 1986.

_____. *Vantagem competitiva*. Rio de Janeiro: Campus, 1985.

PRAHALAD, C. K. *Reexame de competências*. Revista HSM, 1999.

PUTNAM, R. *Tuning in, tuning out*: the strange desappearance of social capital in America. The 1995 Ithiel de Sola Pool Lecture. Political Science and politics, 1995.

RIFKIN, Jeremy. *O fim dos empregos*. São Paulo: Makron Books, 1996.

ROBBINS, Stephen P. *Administração – Mudanças e perspectivas*. São Paulo: Saraiva, 2000.

RODRIGUES, Aroldo. *Psicologia social*. Petrópolis, Rio de Janeiro: Vozes, 2000.

RODRIGUES, I. P. F. *Cultura e poder nas organizações*: comparando o processo decisório em organizações brasileiras e britânicas. Belo Horizonte: UFMG, 1988.

ROSENBURG, Cynthia. *Múltipla escolha*. Revista Exame. São Paulo, 2002.

SARAIVA, Luiz A. S. *Tomada de decisão em cenários de mudança*. Cad. Adm. Maringá, 1999.

SCHOEMAKER, Paul J. H. *Are risk-attitudes related across domains and response modes*. Management Science. Providence, 1990.

SENGE, Peter M. *A quinta disciplina*. São Paulo: Best Seller, 1990.

SHAW, Kathryn L. *An empirical analysis of risk aversion and income growth*. Journal of Labor Economics. Chicago, 1996.

SHEPPARD et. al. *The grammers of trust*: A model and general implications Academy of Management. The Academy of Management Review. Mississipi State, 1998.

SIMON, Herbert A. *Making manegement decisions*: the role of intuition and emotion. Academy of Management Executive, 1987.

_____. Rationality in psychology and economics. *The Journal of Business*. 1986.

STALK, George, EVANS, Philip; SHULMAN, Lawrence E. *Competing on Capabilities*: the new rules of corporate strategy. Harvard Business Review, 1992.

STEVENS, Robert E.; LOUDON, David L.; WRENN, Bruce; WARREN, William E. *Planejamento de marketing*. São Paulo: Makron Books, 2001.

STWART, Thomas A. *A riqueza do conhecimento*: o capital intelectual e a nova organização do século XXI. Rio de Janeiro: Campus, 2002.

_____. *Capital intelectual*: a nova vantagem competitiva das empresas. Rio de Janeiro: Campus, 1997.

TACHIZAWA, Takeshy; FERREIRA, Victor Claudio Paradela; FORTUNA, Antonio Alfredo Mello. *Gestão com pessoas*. São Paulo: FGV, 2001.

TAYLOR-GOOBY, Peter. *Risk, trust and welfare*. New York: St. Martin's Press., 2000.

TEIXEIRA, Maria L. Mendes. *Gerenciando confiança para desenvolver capital intelectual: o que os empregados esperam de seus líderes*. Artigo aprovado para publicação pela Revista de Administração Contemporânea – RAC. São Paulo, 2003.

TYSON, Kirk W. M. *Competition in the 21st century*. Florida: CRC Press LLC, 1997.

WAGNER, John A. III; HOLLENBECK, John R. *Comportamento organizacional* – criando vantagem competitiva. São Paulo: Saraiva, 1999.

WALKER, Larry E. *The dangers of one-dimensional* RM Occupational Health & Safety. Waco, 2001.

WANG, Zhong Ming. *Current models and innovative strategies in management education in China*. China: Zhejiang University, 1999.

WARDMAN, Kellie T. *Criando organizações que aprendem*. São Paulo: Futura, 1996.

WATERMAN JR., Robert H. *O fator renovação*: como os melhores conquistam e mantêm a vantagem competitiva. São Paulo: Editora Harbra, 1989.

XIAO, Jing J. *Attitude toward risk and risk-taking of business-owing families*. The Journal of Consumers Affairs. Madison. 2001.

CAPÍTULO 2

Marketing *Business To Business*: Uma Perspectiva Nacional

SÍLVIO LUIZ TADEU BERTONCELLO

Doutorando em Administração com ênfase em Gestão de Mercado pela Universidade Mackenzie. Mestrado em Administração pela PUC/SP. Mestrado em Economia Internacional pela Universidade de Barcelona. Pós-graduado em Administração e Administração de Marketing pela FAAP. Engenheiro. Professor dos cursos de MBA profissional, Pós-Graduação e Faculdade de Comunicação da FAAP.

Introdução

O marketing *business to business* vem evoluindo muito no Brasil, em virtude da abertura de mercado e de um novo ambiente competitivo; os desafios para os gerentes e profissionais de *Business to Business* (B2B) passam a ser mais complexos. Neste capítulo serão abordados:

- Orientações das organizações no Brasil de acordo com as variações do macroambiente econômico.
- Comportamento de compras e diferenças entre o relacionamento B2B (empresa *x* empresa) e *Business to Consumer* (B2C) (empresa *x* consumidor final, pessoa física).
- Classificação de produtos e clientes para o mercado *business to business* e abordagens sobre o centro de compras.
- Posicionamento no relacionamento *business to business* segundo características de valor.

- Macrossegmentação e microssegmentação no relacionamento *business to business*.
- Marketing *mix* para produtos no relacionamento *business to business*.
- Comércio eletrônico e sua implicação na rede de distribuição no *business to business*.
- Vendas no relacionamento *business to business*.
- A ferramenta *benchmarking*, aplicabilidade e tendências de utilização no Brasil.

2.1 – Marketing B2B e Condicionantes da Orientação Empresarial

Pode-se definir marketing B2B como o relacionamento entre organizações, produtoras de bens e/ou prestadoras de serviços, para um benefício específico. Os mercados que compõem o B2B podem ser para produtos e serviços, locais ou internacionais, adquiridos por empresas, órgãos do governo e instituições (como escolas e hospitais). Podem ser utilizados na composição do seu produto (derivados de petróleo fornecidos pela Petrobrás), para consumo próprio (consultoria da Deloitte Touche Thomatsu) para uso (equipamentos da Metso Minerals) ou para revenda.

Para entender melhor a evolução desse mercado no Brasil será feita uma breve retrospectiva do cenário econômico dos últimos 35 anos, por meio da análise dos condicionantes da orientação empresarial.

Será analisada a evolução da economia brasileira e seus principais impactos para utilização dos conceitos de B2B.

2.1.1 – Condicionantes da Orientação Empresarial

1970 – Em virtude da conjuntura econômica da época, ou seja, mercado fechado, alta demanda e escassez de alguns produtos, a orientação das nossas empresas era puramente para produção.

A orientação de produção sustenta que os consumidores dão preferência a produtos fáceis de encontrar e de baixo custo.

Gerentes de empresas orientadas para a produção concentram-se em alcançar alta eficiência de produção, baixos custos e distribuição em massa. Eles supõem que os consumidores estejam interessados principalmente em disponibilidade de produtos e preços baixos. Essa orientação faz sentido em países em desenvolvimento, nos quais os consumidores estão mais interessados em obter os produtos do que em suas características. Esse conceito também é utilizado quando uma empresa deseja expandir o seu mercado.

1977 – Com a criação do *over night* e *open market*, alta inflação, as organizações tinham uma grande parte de suas receitas provenientes de aplicações financeiras. Esse cenário fez com que as pessoas e as empresas dessem grande atenção a esse perfil. Na maioria das empresas, havia mais funcionários no departamento financeiro do que no comercial. Instituições financeiras cresceram, adquiriram experiência em determinadas operações e criaram vantagens competitivas até hoje.

1983 – Forte queda do Produto Interno Bruto (PIB) no Brasil, em torno de 4%, que gerou recessão e fez com que as organizações tivessem de desovar seus estoques e produtos, direcionando seus esforços para vendas.

A orientação para vendas parte do princípio de que os consumidores e as empresas, por vontade própria, normalmente não compram os produtos da organização em quantidade suficiente. A organização deve, portanto, empreender um esforço agressivo de vendas e promoção. Esse conceito pressupõe que os consumidores, em geral, demonstram uma inércia ou resistência em relação à compra e devem ser persuadidos a comprar.

1986 – Plano Cruzado – Nessa época foi instituído o Conselho Interministerial de Preço (CIP), que liberava os preços corrigidos sempre no dia 25 de cada mês, herança presente até hoje, que caracteriza a correria das organizações para querer vender mais nos últimos dias do mês.

1994 – Com a implementação do Plano Real, o Brasil pela primeira vez controla a inflação e estabiliza de certa forma sua economia, o movimento pela abertura de mercado já foi estabelecido no governo anterior e alguns setores já sofrem com a falta de competitividade. Entram em cena ferramentas que visam a corte de custos, competências, alinhamento com organizações internacionais e geração de receita. Essas ferramentas são: terceirização, qualidade total (ISO 9000) e reengenharia de processos e o termo "globalização" começa a fazer parte do dia-a-dia das empresas.

O ganho no *floating* (aplicação financeira) já não sustenta parte da organização.

2000 – A hipercompetição faz com que todas as organizações alterem seu foco para o mercado. O cliente passa a ser o maior objetivo, principalmente os melhores e os potenciais.

A orientação do mercado sustenta que a chave para alcançar as metas organizacionais está no fato de a empresa ser mais efetiva que a concorrência na criação, entrega e comunicação de valor para o cliente de seus mercados-alvo selecionados.

O sistema de informação deverá ser atuante e monitorar a empresa quanto ao ambiente competitivo. O lucro deverá ser equilibrado com o volume e a potencialização de negócios, a orientação mais importante.

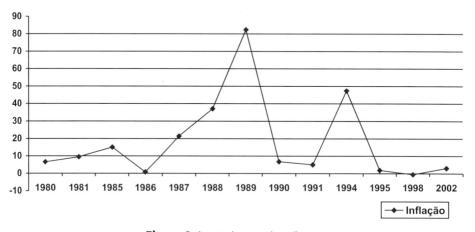

Figura 2.1 – A derrota da inflação.

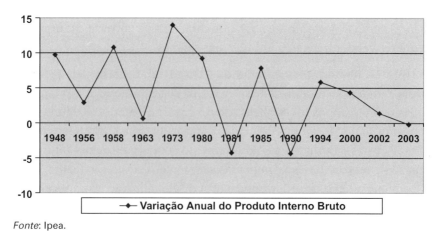

Fonte: Ipea.

Figura 2.2 – O desafio do crescimento.

2.2 – Comportamento de Compras e Diferenças Entre o Relacionamento B2B e o B2C

O relacionamento do B2B não se limita a vender; as organizações também compram quantidades de matérias-primas, componentes manufaturados, instalações e equipamentos, suprimentos e serviços. Somente no Brasil existem perto de 4,2 milhões de organizações compradoras (Simonsen Associados).

A compra no relacionamento B2B é definida por Webster e Wind (1972, p. 2) como: "O processo de tomada de decisão por meio do qual as organizações estabelecem a necessidade da compra de produtos e serviços, além de identificar, avaliar e escolher, entre as marcas e os fornecedores disponíveis, qual a melhor opção".

O relacionamento B2B possui diversas características que o tornam muito diferente do relacionamento B2C:

- Número de compradores – o relacionamento B2B envolve, em geral, muito menos compradores que o B2C; empresas como ABB e GE dependem muitas vezes do governo ou de poucos compradores empresariais.
- Compradores de maior porte – um pequeno número de compradores é responsável pela maior parcela das vendas em setores como o de turbinas ou grandes geradores atômicos.
- Relacionamento estreito entre fornecedor e cliente – por se tratar muitas vezes de compras técnicas, cria-se um forte vínculo entre fornecedor e cliente.
- Concentração geográfica dos compradores – grandes pólos industriais, como Camaçari, Santo Antônio dos Pinhais, Zona Franca de Manaus, ajudam a reduzir custos de vendas.
- Demanda derivada do relacionamento B2B é derivada do relacionamento B2C; não é diretamente proporcional, mas depende do consumidor final.
- Demanda inelástica – não é muito afetada pela variação de preços, conforme mostra a Figura 2.4.
- Demanda oscilante – um crescimento de 10% na demanda de consumo pode causar um aumento de 200% na demanda de B2B, porém uma queda de 10% também pode causar o colapso da demanda empresarial.

- Compra profissional – um dos aspectos mais importantes na diferença do comportamento do comprador B2B, é que este tende a uma compra racional e profissional, diferente do comprador do B2C, que muitas vezes é levado a uma compra por impulso.

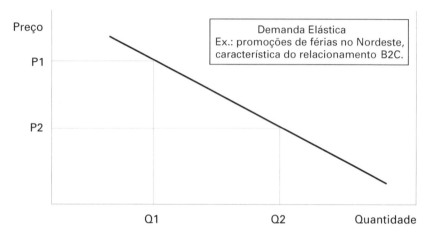

Figura 2.3 – Características de demanda elástica.

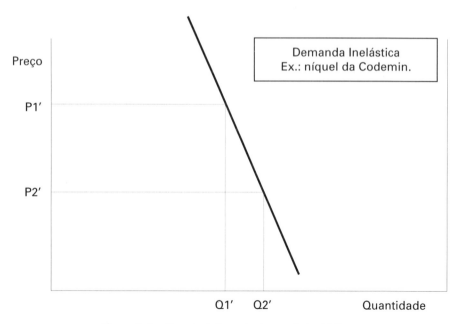

Figura 2.4 – Características de demanda inelástica.

Mesmo com as diferenças entre B2B e B2C, muitas vezes têm-se produtos que podem ser comercializados nos dois relacionamentos. A seguir são apresentadas as diferenças de estratégia de marketing, tendo em vista os conceitos discutidos anteriormente.

◆ **Produtos Financeiros**

Um banco pode oferecer produtos similares para pessoa física ou para pessoa jurídica, no entanto lida com públicos diferentes, com características e necessidades próprias.

- Varejo em Bancos:
  - atendimento a clientes finais;
  - número maior de clientes;
  - menor poder individual de compra;
  - maior dispersão geográfica;
  - desconhecimento do cliente sobre produtos.
- Atacado em Bancos:
  - atendimento a clientes institucionais;
  - demanda por serviços derivada;
  - demanda relativamente inelástica (macro);
  - demanda altamente flutuante (micro);
  - cliente mais bem informado.
- Pessoa Física:
  - necessidades primárias;
  - pagamento de contas;
  - poupança;
  - receita financeira;
  - compra de bens de consumo;
  - necessidades secundárias;
  - atenção;
  - praticidade;
  - aconselhamento;
  - solução de problemas.
- Pessoa Jurídica:
  - necessidades primárias;
  - aplicação financeira;
  - capital de giro;
  - cobranças;

- investimento;
- necessidades secundárias;
- agilidade;
- consultoria;
- parceria;
- solução de problemas.

Diante dessas observações, cabe à instituição bancária direcionar esforços e estratégias de marketing diferentes para os diferentes tipos de relacionamento, empresa-consumidor final ou empresa-empresa.

Quais seriam as estratégias possíveis para um banco? Além de posicionamento bem definido, buscar atrair o máximo de clientes possível e conservá-los ao longo do tempo, estabelecendo o melhor do relacionamento possível. Concentrar esforços somente na conquista dos clientes mais rentáveis, combinando alternativas estratégicas que levem em conta, também, fatores como, por exemplo, macroambiente, concorrentes, mercado, segmentação e criação de vantagens competitivas sustentáveis por longo período, além da lucratividade equilibrada com o volume de serviços.

◆ Produtos de Informática

Os fornecedores atuais têm desenvolvido estratégias bem diferenciadas conforme o relacionamento. Para o público final, enfatizam o *design*, a praticidade e a facilidade de manutenção; já os consumidores empresariais recebem visitas técnicas periódicas e diferenciais de preço, pois os volumes de negócios tendem a ser maiores.

O composto de comunicação é totalmente diferente, por exemplo, a Dell envia mala-direta com várias abordagens e seu *site* na Internet tem diferente atrativo, conforme o tipo de relacionamento. A Sabesp, como outro exemplo, não pode tratar do mesmo modo clientes residenciais e clientes industriais, e para estes últimos também valem as observações mencionadas.

2.3 – Classificação de Clientes e Produtos no Mercado B2B

Entre os clientes do mercado B2B três categorias têm maior relevância: relacionamentos com órgãos do governo, instituições e a grande maioria que se pode considerar empresas comerciais. Nas empresas comerciais, encontram-se subdivisões, tais como usuários, produtores originais de equipamentos e revendedores e distribuidores.

Para a classificação dos produtos no B2B é mister responder à questão: como os produtos ou serviços do relacionamento B2B entram no processo de produção e na estrutura de custos da empresa?

Segundo Hutt e Speh (2002, p. 47), uma boa alternativa para classificar os produtos no mercado B2B é dividi-los em:

I – **Produtos de composição (fazem parte do produto acabado):**

a) matérias-primas processadas apenas até o nível requerido de manuseio e transporte. Exemplos: pelotas de minério de ferro da Samarco ou bauxita da Vale do Rio Doce;

b) materiais e peças manufaturadas requerem maior processamento inicial. Exemplos: arames de aço do Gerdau ou telas e monitores da LG.

II – **Produtos de fundição:**

a) instalações, investimento de longo prazo, tais como prédios, terrenos e equipamentos de ativo fixo. Exemplo: infra-estrutura para sistemas da Siemens;

b) equipamentos e acessórios mais baratos, com vida útil mais curta. Exemplo: impressoras da HP.

III – **Produtos facilitadores:**

a) suprimentos, utilizados por um grande número de usuários na empresa. Exemplos: papel da Suzano ou cartuchos de tinta da HP;

b) serviços, tais como de manutenção e reparos ou consultoria com grande ênfase na transferência, para terceiros, de atividades que não agregam valor para a empresa. Exemplos: gestão de saúde da empresa para a Unimed ou gerenciamento de atividades financeiras para o ABN Amro Banco Real.

2.3.1 – Abordagens e Grau de Influência

As abordagens sobre centro de compras têm diferentes papéis e grau de influência na aquisição de produtos B2B.

Por exemplo, o comprador adquire o produto pela primeira vez. Quanto maior o custo ou risco, maior o número de participantes no processo decisório e a quantidade de informações coletadas, o que aumenta o tempo gasto até a decisão final.

Exemplo prático: coque de petróleo para a produção de aço

a) Processo de decisão de compras:
- iniciadores: engenheiros de pesquisa e desenvolvimento;
- usuários: gerente de aciaria;
- influenciadores: gestão de estoques, departamento de qualidade, laboratório;
- decisores: superintendentes de aciaria, diretor de compras;
- aprovadores: engenheiro de área;
- compradores: área de compras.

b) Influências:
- ambientais: nível de demanda e taxa do dólar;
- organizacionais: políticas de compras;
- interpessoais: interesses dos vários departamentos envolvidos;
- individuais: atitudes quanto ao risco; recentemente a CSN substituiu todos os seus compradores por mulheres, pois os fatores individuais tendem a ser diferentes, e um dos mais importantes é que as mulheres são menos corruptíveis.

2.3.2 – Equipamentos Leves

Em equipamentos leves normalmente não há muita alteração de especificações ou características. É um caso de transação pura, que poderá ser feita por meio de consultas à Internet ou aos catálogos com a participação do usuário. Por exemplo, um departamento de manutenção em que o comprador simplesmente seleciona o fornecedor e estabelece a negociação de preços, sem a participação de outras áreas.

2.3.3 – Equipamentos Pesados

Equipamentos pesados requerem maior número de pessoas na decisão e o tempo de negociação é mais longo. São necessários relacionamentos de longo prazo e até processos de parceria.

a) Processo de decisão de compras:
- iniciadores: áreas com gargalo de produção;
- usuários: áreas onde o equipamento estará sendo utilizado;

- influenciadores: outros departamentos ou pessoas que já conheçam as empresas e os equipamentos sugeridos. Alguns fornecedores solicitam aquisição de equipamentos de empresas com contratos já firmados e testados;
- decisores: diretoria técnica, diretoria de compras, diretoria financeira e, dependendo do caso, até grupo de acionistas;
- aprovadores: grupo técnico com grande conhecimento do equipamento e dos produtos a serem manufaturados ou beneficiados;
- compradores: diretoria de compras.

b) **Influências:**

Em virtude do porte da compra a empresa poderá sofrer mais influências ambientais, Podemos tomar como exemplo:

- crise energética, forçando a aquisição de grandes geradores e de turbinas,;
- aspectos organizacionais
- aspectos interpessoais.

2.3.4 – Serviços de Consultoria

Para a contratação de serviços de consultoria, o relacionamento como parceria ou aliança estratégica parece ser o mais adequado. Esse serviço requer do fornecedor de serviços muita articulação, inteligência e conhecimentos quanto à parte emocional do centro de compras. Nesses casos, muitas vezes é melhor que um influenciador importante com crença de que a empresa é a mais adequada para determinado serviço que um usuário com conhecimento sem muita importância dentro do processo de multiplicador da opinião.

2.4 – Posicionamento no Relacionamento B2B Segundo Características de Valor

O profissional de marketing do relacionamento B2B deve entender como os compradores organizacionais medem os valores e avaliam o desempenho do fornecedor. Para desenvolver relações confiáveis com os clientes organizacionais, as ofertas de valor devem ser baseadas em habilidades e recursos que proporcionem valor conforme os clientes o percebem.

Em geral, pode-se encontrar os seguintes tipos de valores considerados pelos clientes:

- valor econômico – uma redução de preços ou custos internos;
- segurança – o risco pela troca de um fornecedor já consagrado e com boa crença;
- *status* – adquirir produtos de organizações com imagens diferenciadas, como, por exemplo, IBM ou SAP.

No relacionamento B2C é mais difícil agregar valor que no relacionamento B2B, pois profissionais capacitados têm melhores condições de avaliar o valor.

A mensuração precisa do valor é crucial para a função de compras. Os princípios e as ferramentas da análise de valor ajudam o comprador profissional. Por exemplo, as idéias dos fornecedores auxiliam a Chrysler a reduzir custos de US$ 1 bilhão anualmente. Quando a Allied Signal reduziu a complexidade dos seus sistemas de freios antitravamento, os custos da Chrysler baixaram em US$ 744.000. Note que alternativas de projeto e fabricação bastante diretas podem produzir economias de custo espetaculares. O valor é atingido quando a função adequada é garantida pelo custo adequado. Como as funções podem ser alcançadas de maneiras diferentes, a mais econômica estabelecerá o seu valor.

Análise de valor é um método de avaliar o valor comparativo de materiais, componentes e processos de fabricação do ponto de vista dos seus propósitos, méritos relativos e custos, para descobrir maneiras de melhorar os produtos, de baixar os custos ou de ambos (Hutt; Speh, 2001, p. 186).

Na Hewlett-Packard, os gerentes de marketing constataram que quase a totalidade de seus clientes gosta de ter acesso a todos os seus produtos. Para facilitar a compra, a empresa até criou um novo cargo: o gerente de negócios de clientes (*Costumer Bussiness Manager* – CBM). O CBM concentra-se no cliente e "adiciona as qualidades de vendedores de sucesso com as de consultores e gerentes de negócios bem-sucedidos". Os CBMs são recompensados com base na receita e na satisfação dos clientes; por isso, seu foco nos clientes pode ser reforçado. "Os executivos da HP reúnem-se com clientes e lhes perguntam quais critérios, para eles, constituem a satisfação", diz Nick Earle, gerente de marketing da área de vendas da HP. Assim, a responsabilidade pelas linhas de marcas da empresa recai sobre representantes que agem, em conjunto, com clientes de maior valor e potencial (Brewer, 1997, p. 58).

2.5 – Macrossegmentação e Microssegmentação no Relacionamento *Business to Business*

A segmentação de mercado tem como objetivo determinar diferenças entre grupos de compradores, separando-os em estratos, de modo que a empresa possa desenvolver seus esforços para a escolha daqueles onde sua atenção se concentrará, determinando, conseqüentemente, uma política competitiva (Kotler, 2000, p. 278).

Outro aspecto relevante é a determinação de objetivos, gerando maior capacidade para o delineamento das oportunidades de MKT. Além disso, alocação mais adequada dos recursos de MKT da empresa e ajustamento mais eficiente dos produtos e programas de MKT da empresa ao mercado.

Qualificação de um segmento empresarial:

- deve ser caracterizado por um conjunto de requisitos comuns aos clientes;
- deve ter características mensuráveis;
- deve ter concorrente identificável;
- deve ser pequeno o suficiente para reduzir a concorrência ou defender uma posição contra a concorrência;
- deve ser atendido por um canal comum de distribuição ou vendas.

Bases para segmentar o relacionamento B2B (Figuras 2.5 e 2.6).

Pode-se fazer uma comparação com o modelo de Wind e Cardoso:

- Camadas externas ou macrossegmentação – altamente visíveis, mais abrangentes, estáveis permanentes, custo menor, pouca intimidade com o cliente, mais simples.
- Camadas internas ou microssegmentação – pouco visíveis, mais específicas, temporários instáveis, alto custo, muita intimidade com o cliente, mais complexas.
- Não se tem uma pesquisa para provar que a maioria das empresas no Brasil não utiliza a ferramenta segmentação da maneira correta. Pode-se, por meio de dados exploratórios, verificar uma tendência para a macrossegmentação ou camadas externas, deixando de aproveitar características de mercado muitas vezes de importância diferenciada, gerando vantagens competitivas sustentáveis para as organizações (Barroso; Siqueira, 1999, p. 107).

74 ▎ Marketing Operacional

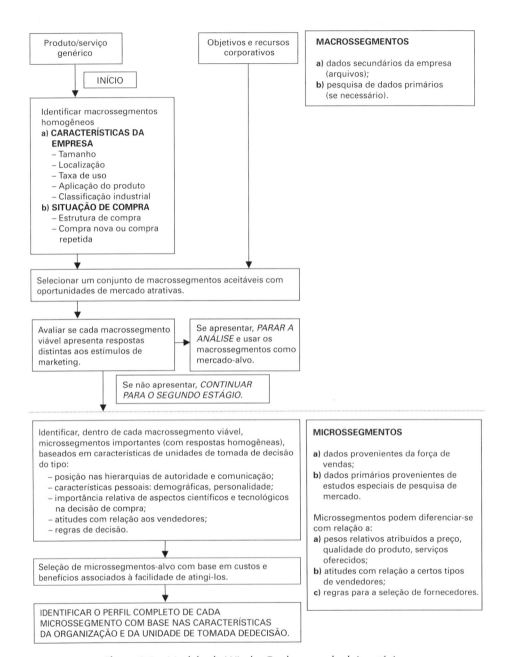

Figura 2.5 – Modelo de Wind e Cardozo ou de dois estágios.

Marketing *Business To Business*: Uma Perspectiva Nacional ▶ 75

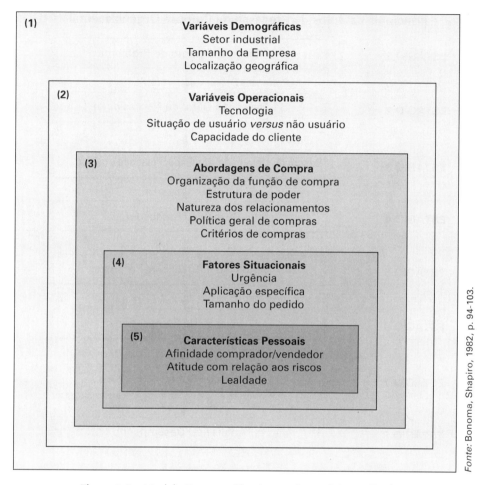

Figura 2.6 – Modelo Bonoma, Shapiro ou dos estágios múltiplos.

2.6 – Marketing *Mix* para o Relacionamento B2B

2.6.1 – Política de Produto

O Processo de Compra no relacionamento B2B não é um ato isolado, diferente muitas vezes do relacionamento B2C. Uma decisão de compras em uma organização revela pontos críticos de exigências de informações que envolvem diversos estágios, entre eles a descrição das especificações de política de produtos.

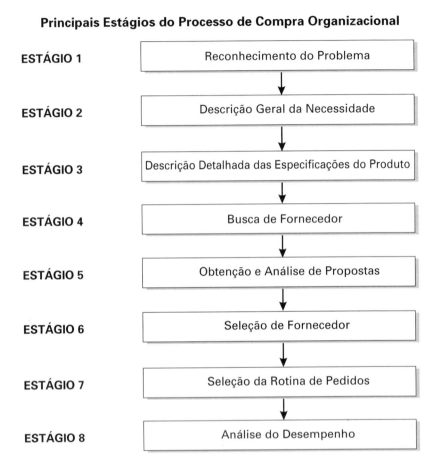

Figura 2.7

A especificação do produto envolve uma descrição técnica, precisa e detalhada do item necessitado, a qual pode ser prontamente comunicada. Esse pode ser um estágio crítico para o profissional de marketing B2B porque influências-chave de compras entram no processo. Reconhecer essas influências, sua importância e papéis relativos podem gerar uma vantagem distinta. O profissional de marketing B2B que desencadeia a necessidade inicial tem o benefício de uma estreita relação de trabalho com pessoas-chave da organização durante todos esses estágios formadores do processo de compras.

Um exemplo interessante é da *Worldwide Internet Solutions Network Inc.* mais conhecida como WIZ-net (www.wiznet.net), que está construindo uma biblioteca virtual de catálogos de produtos de todo o mundo. Em 1998, seu banco de dados possuía os catálogos completos de mais de 72 mil empresas, distribuidoras e prestadoras de serviços industriais, com mais de 8 milhões de especificações de produtos. Para os gerentes de compras, que recebem todos os dias pilhas de correspondência (na maioria catálogos), comprar de uma única empresa representa uma incrível economia de tempo (assim como de dinheiro, porque facilita a comparação entre os fornecedores). Quando pediram à WIZ-net: "Procure válvulas de platina que meçam 3,5 polegadas e sejam de uma fonte de Michigan", ela encontrou seis fontes em Michigan que forneciam o produto especificado em mais ou menos 15 segundos. Mais do que apenas páginas amarelas eletrônicas, como a *Thomas Register ou a Industry.net*, a WIZ-net possui todas as especificações dos produtos em seu sistema e ainda oferece um *e-mail* seguro, que possibilita a comunicação direta com vendedores para solicitar cotações ou fazer pedidos. Mais de 10 mil especificações de produtos são adicionadas à WIZ-net por semana e o seu banco de dados inclui catálogos da Alemanha, Taiwan, República Tcheca e outros países (Sheridan, 1998, p. 63-64).

2.6.1.1 – Novos Produtos e Novos Mercados

A opção de novos produtos ou novos mercados é similar para os dois relacionamentos, B2B e B2C. Quanto mais perto do consumidor final a organização estiver, mais rápidos seus lançamentos poderão ser. Organizações maiores tendem a arriscar mais no lançamento de novos produtos ou tentar uma posição em um novo mercado que uma pequena empresa.

Depois de segmentar cuidadosamente o mercado, escolher seus clientes-alvo, identificar suas necessidades e determinar seu posicionamento de mercado, a empresa está mais capacitada a desenvolver novos produtos. Os profissionais de marketing têm um papel-chave no processo de desenvolvimento de novos produtos, identificando e avaliando idéias e trabalhando com P&D e com outros grupos em cada etapa.

Todas as empresas devem desenvolver novos produtos, pois é isso que definirá seu futuro. Produtos de reposição devem ser criados para manter ou aumentar as vendas. Os clientes querem produtos novos e os concorrentes farão o possível para fornecê-los. Todos os anos, mais de 16 mil novos produtos (incluindo extensões de linhas e novas marcas) são disponibilizados em supermercados e lojas em geral.

Uma empresa pode agregar novos produtos por meio de aquisições ou de desenvolvimento.

O processo de aquisição pode assumir três formas:

- a empresa pode comprar outras empresas;
- a empresa pode adquirir patentes de outras empresas; ou
- a empresa pode comprar uma licença ou uma franquia de outra empresa.

O processo de desenvolvimento pode assumir duas formas:

- a empresa pode desenvolver novos produtos em seus laboratórios; ou
- a empresa pode contratar pesquisadores independentes ou empresas de desenvolvimento de novos produtos para essa finalidade.

A Booz, Allen & Hamilton identificou seis categorias de novos produtos, quais sejam:

- produtos inteiramente novos: novos produtos que criam um mercado totalmente novo;
- novas linhas de produtos: novos produtos que permitem a uma empresa entrar em um mercado estabelecido;
- acréscimos de linhas de produtos existentes: novos produtos que complementam linhas de produtos estabelecidas de uma empresa (tamanhos de embalagens, sabores etc.);
- aperfeiçoamentos e revisões de produtos existentes: novos produtos que oferecem um melhor desempenho ou um maior valor percebido e substituem os produtos existentes;
- reposicionamentos: produtos existentes que são direcionados para novos mercados ou para novos segmentos de mercado;
- reduções de custo: novos produtos que fornecem desempenho similar a um custo menor.

Menos de 10% de todos os novos produtos são realmente inovadores e novos. Esses produtos envolvem maior custo e risco, uma vez que são novos tanto para a empresa como para o mercado. A maior parte da atividade ligada a novos produtos visa aperfeiçoar os produtos existentes. Na Sony, por exemplo, mais de 80% das atividades ligadas a novos produtos são voltadas para modificar ou aperfeiçoar seus produtos.

As empresas que não conseguem desenvolver novos produtos estão se colocando em grande risco. Seus produtos são vulneráveis às mudanças de necessidades e gostos dos clientes, às novas tecnologias, aos menores ciclos de vida do produto e à maior concorrência nacional e estrangeira.

Ao mesmo tempo, o desenvolvimento de novos produtos é um negócio arriscado. A Texas Instruments perdeu 660 milhões de dólares antes de abandonar o negócio de computadores pessoais; a RCA perdeu 550 milhões de dólares com seu malsucedido toca-discos a *laser*; a Federal Express perdeu 340 milhões de dólares com seu *Zap mail*; a Ford perdeu 250 milhões de dólares com o Edsel; o avião anglo-francês Concorde jamais recuperou seu investimento; e estima-se que a DuPont tenha perdido com milhões de dólares com um couro sintético denominado Corfam (Power,1993, p. 76-82).

Política de Preço

A questão do preço é muito mais sensível no relacionamento B2B que no B2C, em virtude de suas características de altos volumes, recompra direta e outras.

Uma forma de visualizar as opções estratégicas de preços em termos competitivos é por meio da matriz de posicionamento competitivo em preços e custos relativos desenvolvida por Geraldo Luciano Toledo, Professor Titular do Departamento de Administração da FEA-USP, que se reproduz na Figura 2.8, a seguir:

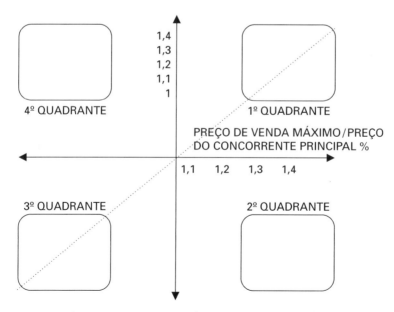

Figura 2.8 – Custo/custo do concorrente principal %.

Dessa matriz podem ser deduzidas as situações competitivas apresentadas na Tabela 2.1, adiante, conforme o produto estiver localizado em um de seus quadrantes. Situações competitivas resultantes da relação custos x preços relativos.

Tabela 2.1 – Custo x Preço.

Localização	Relação Custo Relativo x Preço Relativo	Situação competitiva
1º Quadrante	Custo relativo maior e preço relativo maior.	Vantagem competitiva na imagem de qualidade percebida.
2º Quadrante	Custo relativo menor e preço relativo maior.	Vantagem competitiva tanto em custos quanto em imagem de qualidade percebida.
3º Quadrante	Custo relativo menor e preço relativo menor.	Vantagem competitiva em custos, mas desvantagem competitiva em imagem de qualidade percebida.
4º Quadrante	Custo relativo maior e preço relativo menor.	Desvantagem competitiva tanto em custos quanto em imagem de qualidade percebida.

Exemplos de estratégia de preço bem-sucedida:

- A Compaq passou a dominar o mercado de microcomputadores *desktops* e *notebooks* nos EUA por meio de uma bem-sucedida estratégia de preços baixos e altos volumes e com produtos de qualidade que lhe têm proporcionado alta lucratividade.
- A Fiat no Brasil passou a uma posição de mercado que jamais havia alcançado por meio da estratégia de produto de baixo preço e alto volume (Fiat Uno Mille).
- A Voiton tem alcançado grande sucesso ao praticar a estratégia de preços elevados para seus produtos no mercado de luxo.
- As Casas Bahia têm obtido êxito ao efetivar a estratégia de preços baixos.

- Os produtos japoneses, de maneira geral, adotam a estratégia de preços baixos e alta qualidade percebida para ingressar em mercados altamente competitivos e exigentes (Mattar, Santos, 1999, p. 172).

Outra abordagem interessante com relação ao preço é o conhecimento dos benefícios oferecidos pelo produto ou serviço, e não simplesmente seus atributos. Se o vendedor não souber medir os benefícios, a negociação se voltará a quem oferecer o menor preço. Assim, uma alternativa ideal para definir os preços seria:

$$\text{Preço da empresa} + \Delta \text{ Benefício} \pm \text{Preço do Concorrente}$$

Formas Tradicionais de Preços

As formas tradicionais de preços são:

- Graduação de preços – isso ocorre quando, durante uma negociação, um vendedor reduz o preço-base de um produto. Pode ocorrer por diversas razões; a mais provável é em razão de tentar obter o negócio de um cliente particular em discussão pela atratividade (por exemplo, um grande cliente ou um que promete um relacionamento de longo prazo potencialmente lucrativo).
- Descontos por pagamentos em dia ou à vista – esses são descontos que o comprador recebe por pagar com pontualidade ou à vista.
- Descontos por volume – com freqüência, os clientes que compram em volumes maiores recebem termos mais favoráveis.
- Definição de preços geográfica – é comum que clientes em diferentes regiões recebam preços diferentes, uma vez que os custos de transporte podem ser considerados na definição dos preços. Os vendedores tratam os custos de frete de maneiras diferentes. A definição de preço *free on board* (FOB) requer que o cliente pague todos os custos de transporte. Isso simplifica as coisas para o vendedor, mas também cria uma desvantagem, pois os produtos dele tornam-se cada vez mais caros para os compradores que estejam geograficamente mais distantes.
- Concessões para promoções de vendas – são os descontos que os clientes comerciais (como varejistas) recebem ao colocarem o produto do fa-

bricante à venda para os consumidores por um período particular de tempo.

- Alternativas criadas aos descontos – considere o seguinte cenário recente:

  Certo fabricante de embalagens de alumínio de São Paulo está prestes a fechar um grande contrato com um fornecedor de verniz. Antigamente, estaria pressionado por um desconto antecipado no preço; porém, nos dias de hoje, a empresa obteria concessões muito diferentes: um contrato por vários anos com garantia de entregas pontuais, baixos índices de rejeição e sem aumentos de preços no futuro.

  Hoje, os fornecedores estão muito criativos na sua flexibilização de preços, de modo que o preço de lista parece continuar razoavelmente constante, mas outras táticas dão flexibilidade.

- Customização dos preços – enquanto a graduação de preços, os descontos e as abordagens criativas de flexibilização dos preços discutidas anteriormente refletem claramente algum grau de "customização" de preços para os clientes, as novas tecnologias podem tornar possível que os preços sejam literalmente customizados, transação por transação, dependendo das condições de oferta e demanda do momento.

2.6.1.2 – Gerenciamento da Cadeia de Suprimentos

A *Supply Chain* ou Gerenciamento da Cadeia de Suprimentos é uma ferramenta quase que exclusiva do relacionamento B2B.

O consumidor final como usuário do sistema percebe a falta ou o atraso do produto que lhe interessa, porém não chega a interferir no processo de integração logística.

Sabe-se que o Brasil tem sérios problemas como:

- força de vendas remunerada por comissão, mais preocupada com o volume do que com a rentabilidade;
- capital de giro comprometido por conseqüência de altas taxas de juros e altos tributos, incentivando a sonegação;
- distribuidores e revendedores menos evoluídos que os fornecedores.

Muito deverá ser feito sobre essa ferramenta e esse será um grande desafio para os profissionais de marketing B2B.

Para elucidar melhor a ferramenta *Supply Chain*, tem-se o seguinte contexto: o período entre 1980 e 2000 foi marcado por muitos acontecimentos e grandes transformações nos conceitos gerenciais. A perseguição por boa redução de custos, qualidade total e produção mais focada trouxe um número bastante diversificado de técnicas e procedimentos, tais como o *Just-in-Time* (JIT), o Controle Estatístico de Processo (CEP), o *Quality Function Deployment* – Desdobramento da Função Qualidade (QDF), o *Kanban* e a engenharia simultânea. Essas técnicas e procedimentos favoreceram os grandes avanços na qualidade da produção. Com essas criações surgiu o conceito de *Supply Chain Management* (SCM), que vem estimulando várias empresas.

O SCM (gerenciamento da cadeia de suprimentos) é um sistema que começou a se desenvolver no início dos anos de 1990 e são poucas as empresas que conseguiram implementá-lo com sucesso, pois muitos ainda o consideram apenas como um novo nome ou um simples alongamento da logística integrada.

Em contrapartida, esse conceito é muito mais do que uma simples extensão da logística integrada, pois existe a necessidade de uma ampliação da atividade logística para além das fronteiras organizacionais na direção dos clientes e fornecedores na cadeia de suprimentos. No caso de desenvolvimento do produto, por exemplo, vários ramos do negócio deveriam estar incluídos na sua criação, como, por exemplo, marketing para definir o conceito, pesquisa e desenvolvimento para montar o produto, fabricação e logística para executar as operações e, finalmente, finanças para programar o financiamento do sistema.

Para uma melhor compreensão do conceito de gerenciamento da cadeia de suprimentos, ou SCM, é importante entender o conceito de canal de distribuição, ferramenta muito utilizada em marketing: "conjunto de unidades organizacionais, instituições e agentes, internos e externos, que executam as funções que dão apoio ao marketing de produtos e serviços de uma determinada empresa".

Pode-se considerar as funções de compras, vendas, informações, transporte, armazenagem de estoque e programação de produção como suportes ao departamento de marketing. Toda e qualquer função, unidade organizacional ou instituição que execute uma ou mais funções de suporte ao marketing é considerada um membro do canal de distribuição.

Ao longo dos anos, as estruturas dos canais de distribuição vêm aumentando sua complexibilidade de acordo com o que está sendo desenvolvido e segmentado no conceito de marketing.

O aumento da competitividade e instabilidade dos mercados gerou uma forte tendência à especialização, levando, conseqüentemente, a um alto grau de descentralização e terceirização, fazendo com que a empresa se concentrasse na sua competência, repassando aos prestadores de serviços a maioria dos processos.

Já o aumento da complexibilidade do canal de distribuição trouxe a necessidade de um maior controle, que, por conseguinte, gerou um aumento de custo. Para administrar esse problema, seria necessário uma melhor coordenação e sincronização das informações. O avanço tecnológico e a revolução nas telecomunicações criam ambientes favoráveis à implementação de processos eficientes de coordenação. É justamente esse esforço de coordenação dos canais de distribuição que vem sendo denominado de gerenciamento da cadeia de suprimentos. Em outras palavras, ele seria assim definido: é o esforço envolvido para integrar o planejamento e o controle do fluxo de mercadorias, informações e recursos, desde os fornecedores até o cliente final, a fim de obter melhor desempenho que seus concorrentes (Figura 2.9).

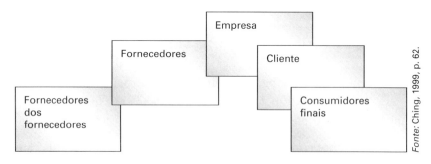

Figura 2.9 – Gerenciamento da cadeia de suprimentos.

Distribuição

A maioria dos fornecedores não vende seus produtos ou serviços diretamente aos consumidores finais. Entre eles há vários intermediários que realizam diversas funções, que constituem um canal de marketing ou um canal de distribuição.

Em primeiro lugar será dada a definição do que representa um canal de marketing, suas funções, níveis, diferenças entre os relacionamentos, B2B e B2C, concluindo com as devidas implicâncias nas estratégias de marketing.

Canais de marketing – são conjuntos de organizações interdependentes envolvidas no processo de disponibilização de um produto ou serviço para uso ou consumo (Kotler, 2000, p. 510).

Um canal de marketing é a rede de organizações que cria utilidade de tempo, lugar e posse para consumidores e usuários empresariais. Utilidades de tempo, lugar e posse são condições que possibilitam que consumidores e organizações disponham de produtos para utilizar quando e onde os quiserem.

As principais funções-chave de um canal de marketing são:

- reunir informações sobre clientes potenciais e regulares, concorrentes e outros participantes e forças do ambiente de marketing;
- desenvolver e disseminar mensagens persuasivas para estimular a compra;
- entrar em acordo sobre preço e outras condições para que se possa realizar a transferência de propriedade ou posse;
- formalizar os pedidos com os fabricantes;
- levantar os recursos para financiar estoques em diferentes níveis no canal de marketing;
- assumir riscos relacionados à operação do canal;
- fornecer condições para a armazenagem e a movimentação de produtos físicos;
- fornecer condições para o pagamento das faturas dos compradores por meio de bancos e outras instituições financeiras;
- supervisionar a transferência real de propriedade de uma organização ou pessoa para outra organização ou pessoa.

Têm-se, assim, funções de fluxo, da empresa para o cliente, e de contrafluxo, dos clientes para a empresa. Por exemplo, a Dell Computer utiliza o telefone e a Internet como canais de vendas, serviços postais expressos como canal de entrega e equipe local de manutenção como canal de serviços.

O fabricante e o consumidor final fazem parte de todos os canais. Será utilizado o número de níveis intermediários para designar a extensão de um canal, e nos quadros, a seguir, serão ilustrados os vários canais conforme o tipo de relacionamento.

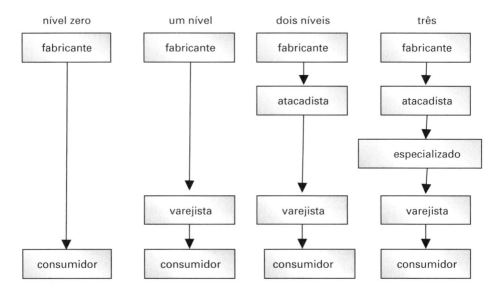

Figura 2.10 – Canais de marketing do relacionamento B2C (Kotler, 2000, p. 513).

Um *canal de nível zero* consiste em um fabricante que vende diretamente para o consumidor final, como, por exemplo, Avon e Tupperware. Nas estratégias deve-se dar ênfase a número de vendedores, treinamento, controle de pedidos, disponibilidade dos produtos para o corpo de vendas.

O *canal de nível um* conta com um único intermediário de vendas, como um varejista. Um *canal de dois níveis* conta com dois intermediários. No mercado de bens de consumo, esses são normalmente um atacadista e um varejista. Um *canal de três níveis* contém três intermediários. Dependendo do produto comercializado, pode envolver mais canais, produtos de menor valor ou muito pulverizados tendem a utilizar mais de seis níveis, cabe ao fornecedor nestes casos obter boas informações sobre os consumidores finais e manter o controle dos canais.

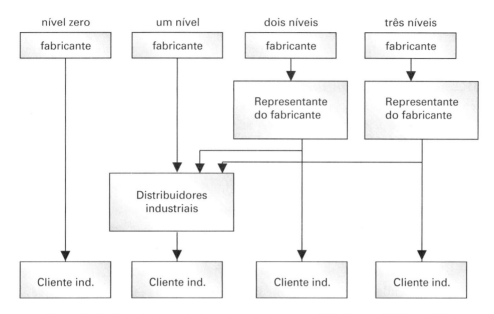

Figura 2.11 – Canais de marketing do relacionamento B2B (Kotler, 2000, p. 513).

Um fabricante industrial pode utilizar sua força de vendas para vender diretamente para seus clientes industriais ou pode vender para distribuidores do setor industrial em questão, que vendem para os clientes industriais. Pode também vender por intermédio de representantes ou divisões de vendas diretamente para os clientes industriais por meio de distribuidores industriais. Como na maioria dos casos são mais encontrados os canais de nível zero ou um, a figura do vendedor industrial passa a ser de suma importância.

Uma venda no mercado industrial marca o começo de uma relação e não o resultado final. Ao convencer uma cadeia de lojas de artigos esportivos a utilizar seus computadores, a IBM inicia uma relação de negócios potencialmente duradoura. Mais do que realizar uma venda, a IBM cria um cliente. Para manter essa relação, o profissional de marketing de mercados industriais deve desenvolver um conhecimento profundo das operações do cliente e criar um valor exclusivo aos negócios dele. O marketing de relacionamento converge todas as atividades de marketing dirigidas para o estabelecimento, o desenvolvimento e a manutenção de trocas bem-sucedidas com os clientes. O gerenciamento de relações é o coração do marketing industrial (Hutt; Speh, 2001, p. 169).

Estratégia Promocional

A estratégia promocional no marketing B2B tem características completamente diversas dos outros processos de comunicação utilizados no marketing B2C. Apesar de utilizar o mesmo ferramental, a ênfase da comunicação é diferenciada. A utilização da mídia eletrônica como elemento de divulgação de produtos ou serviços industriais deve ser analisada diante das características dos clientes, tendo em vista que esses veículos, na maioria dos casos, são de abrangência muito maior do que a necessária para se atingir os clientes potenciais.

Outro impacto no caso da mídia eletrônica ou *e-commerce* poderá ocorrer na medida em que um cliente de determinada região adquira um produto diretamente sem a necessidade de um distribuidor ou representante, mas que terá de atendê-lo futuramente, gerando dúvidas na sua remuneração.

Não há dúvida que no relacionamento B2B, diferente do B2C, o destaque será dado à venda pessoal, conforme mostra o quadro a seguir, e a material específico, como feiras e revistas segmentadas, catálogos, folhetos técnicos, a fim de orientar os profissionais de mercado.

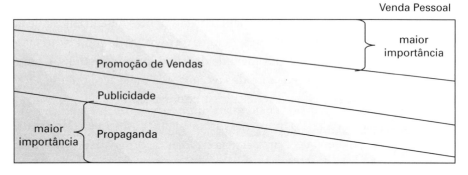

Figura 2.12 – Estratégia promocional.

Lista dos instrumentos de comunicação mais utilizados no relacionamento B2B:

Venda pessoal:
- vendedores da empresa;
- vendedores de distribuidores;
- representantes;

- equipe de serviços técnicos;
- contatos de alto nível.

Propaganda em veículos impressos e eletrônicos:

- imprensa em geral;
- imprensa técnica e de negócios;
- cartazes;
- TV;
- rádio;
- Internet.

Marketing direto:

- mala-direta;
- *telemarketing*;
- Extranet.

Material promocional:

- literatura técnica e material de referência;
- catálogos e listas de preço;
- calendário e agendas;
- jornais internos;
- exibições e demonstrações;
- exibições em feiras convenções etc.;
- exibições patrocinadas pelo distribuidor;
- visitas de demonstração nas fábricas, escritórios, laboratórios;
- amostras;
- filmes, vídeos e CDs;
- *showroom*.

Produto:

- aparência física;
- nome e marca do produto;
- embalagem e rótulo.

Relações públicas e publicidade:

- relações com os meios de comunicação;

- relações com entidades de classe;
- relações com associações profissionais;
- relações com os governos;
- simpósio e seminários;
- conferências técnicas;
- artigos técnicos;
- gerenciamento de crises.

Material institucional:

- nome e marca da companhia;
- placas e obras;
- uniformes do pessoal;
- *bottom*;
- papel de correspondência;
- cartão de visita;
- nome da empresa nos veículos de transporte.

2.7 – Comércio Eletrônico e Sua Implicação na Rede de Distribuição no *Business to Business*

O termo "comércio eletrônico" é utilizado para descrever um novo enfoque *on-line* para desempenhar funções como pagamentos e transferências de fundos, entrada e processamento de pedidos, faturamento, gerenciamento de estoques, catálogos eletrônicos e coleta de pontos-de-venda, tudo isso com o objetivo de estabelecer conexões eletrônicas privadas com clientes, fornecedores, distribuidores, grupos de indústrias e até mesmo com concorrentes. Recentemente, as empresas têm percebido que muitas das funções de marketing como, por exemplo, propaganda, promoção de vendas, suporte a clientes e outras, também fazem parte do domínio das aplicações do comércio eletrônico, pois agem como iniciadores para um ciclo de gerenciamento de pedido completo, que incorpora as noções mais estabelecidas de comércio eletrônico.

Há várias definições de diversos autores a respeito do comércio eletrônico, porém todas voltadas à realização de negócios de maneira eletrônica.

Albertin (2000, p. 15) define que comércio eletrônico inclui qualquer negócio transacionado eletronicamente, e essas transações ocorrem entre dois parceiros de negócio ou entre um negócio e seus clientes.

Dependendo do enfoque, o comércio eletrônico pode ter definições diferentes:

- de uma perspectiva de comunicações ligada à entrega de informações por meio eletrônico;
- de uma perspectiva de processo de negócio quando agiliza o fluxo de dados e torna a automação possível;
- de uma perspectiva de serviço quando melhora a qualidade e minimiza custos de serviços;
- de uma perspectiva *on-line* quando torna possível o processo de compra e venda em tempo real e *on-line*.

Contudo, não se pode visualizar o comércio eletrônico como uma nova forma de fazer algo antigo, tais como comprar e vender, mas, sim, encarando novas possibilidades de negócios, sendo englobados o desenvolvimento de novos produtos, o marketing, a propaganda, a negociação, as vendas e o pós-vendas, e todas essas atividades podem ser melhoradas com o comércio eletrônico.

A Internet é apenas uma das mídias para o comércio eletrônico, a qual possui peso significativo como mídia, pois é internacional (global), e não possui administrador ou dono e seu custo operacional é reduzido.

O comércio eletrônico também consiste no uso da capacidade de informações digitais para entender as necessidades e preferências de cada cliente e parceiros, a personalização de produtos e serviços para eles e o fornecimento dos produtos e serviços da maneira mais rápida possível. Os serviços personalizados e automatizados oferecem às empresas o potencial de aumentar os lucros, reduzir os custos e estabelecer e fortalecer as relações com clientes e parceiros.

Podem ser destacados alguns aspectos importantes do comércio eletrônico, consoante Albertin (2000, p. 16): a conexão direta entre compradores e vendedores apóia troca de informações, elimina limites de tempo e lugar, possibilita interatividade, com adaptação ao comportamento do cliente, e atualiza dados em tempo real e com constância.

Acredita-se que os mercados com maior chance de ser bem-sucedidos são os que contribuem para a diminuição do isolamento ou a melhoria da educação e carreira dos consumidores, que é o que eles estão buscando na vida moderna. Neste ponto, pode-se ressaltar a participação da indústria literária, cuja contribuição vem ao encontro dessa concepção.

É necessário considerar, entretanto, que deve haver alguns itens de infra-estrutura para que o comércio eletrônico possa ocorrer, entre eles:

- os serviços de negócios comuns para facilitar o processo de compra e venda;
- a distribuição de mensagens e informações, como uma forma de enviar e recuperar a informação;
- o conteúdo multimídia e a rede de publicação para criar um produto e uma forma de disponibilizar e comunicar informações;
- a Infovia para prover o sistema de comunicação ao longo do qual o comércio eletrônico deve transitar;
- as políticas públicas em relação a aspectos, como acesso universal, privacidade e aspectos legais;
- padrões técnicos em relação a natureza da publicação de informações e interfaces de usuários.

2.7.1 – A Evolução do Comércio Eletrônico

O comércio tradicional tem passado por diversas transformações nos últimos tempos, em razão de mudanças do negócio propriamente dito, do tipo de consumidor, que hoje é mais exigente e apresenta um novo padrão, e também das novas tecnologias.

Novas oportunidades de negócio surgiram com a presença da Internet, como um canal adicional de vendas. Essa nova maneira de fazer negócio é o comércio eletrônico, que transformará ou terá um impacto substancial na estratégia adotada pelas empresas, para o alcance de suas metas para os próximos anos. Já utilizado há muito tempo por grandes organizações e instituições financeiras, vários fatores estão levando o comércio eletrônico para um nível de utilização ainda mais amplo por uma parte muito mais abrangente da sociedade.

Os executivos sabem e reconhecem a necessidade de entrar nesse novo mundo a fim de aproveitar as novas vantagens competitivas diante de seus concorrentes.

Segundo Albertin (2000 p. 132), os aspectos a serem considerados nos estudos e aplicações de comércio eletrônico são:

- Adoção – é ponto importante para o sucesso de comércio eletrônico a adoção da tecnologia utilizada, por meio da quebra de resistências a mudanças e disponibilidade de acesso tecnológico. O período de adoção tem-se reduzido significativamente com o tempo. Por exemplo, o tempo de adoção do *fax* foi o dobro do tempo de adoção do celular, para citar apenas um exemplo. Alguns fatores necessários à adoção rápida: a explicação da tecnologia de informação ao público, o incentivo de uso e a criação de interfaces que possibilitem vários tipos de acesso. Exemplo: a IBM com o conceito da era *on demand*, na qual a integração com fornecedores pode transformar uma cadeia de suprimentos em uma cadeia integrada de ponta a ponta.
- Relacionamento com clientes – o uso do fator da tecnologia de informação no relacionamento com clientes deve ser cuidadoso para que não ocorra um distanciamento que dificulte o oferecimento de novos produtos e a visualização de quem é o cliente.
- Sistemas eletrônicos de pagamento – o uso do comércio eletrônico caminha em direção a mecanismos largamente aceitos, seguros e baratos de pagamento. Hoje tem-se desde o cartão de crédito até o dinheiro eletrônico, mas ainda há o uso de pagamento *off-line*, que é inconveniente pela ocorrência de fraudes, necessidades de o comprador e o vendedor estarem próximos fisicamente, possibilidade de ausência de saldo etc.

2.7.2 – O Comércio Eletrônico nas Organizações

O cenário econômico atual está sendo moldado por duas poderosas forças: tecnologia e globalização. Por isso a maioria das empresas está buscando uma maneira de se adaptar a um mundo que se modifica a cada dia e cria novas tecnologias e formas de negócio.

À medida que aumenta a velocidade da mudança, as companhias não podem mais depender de suas antigas práticas comerciais para sustentar a prosperidade e muitas estão descobrindo a Internet como uma nova forma de atender às exigências de consumidores, cada vez mais conscientes da qualidade e do preço de produtos e serviços. De acordo com Philip Kotler, "as empresas devem mudar seus processos de compra e venda, em virtude das mudanças trazidas pela Internet" (Guimarães, 1999, p. 32).

É necessário estabelecer novas estratégias de interação com os clientes, além de alinhar o mercado físico com o mercado virtual, apresentando maneiras inusitadas de diferenciar produtos e serviços e de fortalecer marcas. Para que isso aconteça, as empresas precisam entender que o relacionamento com o cliente entrou em uma nova etapa, baseada em uma luta pela sua lealdade, pela antecipação das necessidades, e a Internet serve como uma ferramenta fundamental nesse processo, uma vez que elimina intermediários e reformula completamente alguns setores, dando oportunidade a empresas menores de alcançarem mercados globais.

As empresas que decidem utilizar a venda pela Internet devem ficar atentas, pois na rede mundial as regras de negociação mudam e é preciso tomar cuidado com alguns aspectos e ficar por dentro do que o concorrente está fazendo. Na *web*, os compradores podem comparar preços em todo mundo em um tempo muito menor.

Para que as empresas obtenham sucesso com o comércio eletrônico, é fundamental:

- que elas tenham o foco no cliente, que andem ao encontro das necessidades e anseios dele e que estes tenham permissão para que eles vejam seu próprio produto, com as características que desejam. É preciso que as empresas conheçam a biografia completa do consumidor;
- a criação de uma rede de parceiros para ter possibilidades de competir. Na rede mundial é preciso cooperar para competir.

Para os intermediários do processo de venda, a Internet apresenta uma grande ameaça, uma vez que possibilita a venda direta para o cliente (consumidor final). Por outro lado, a *web* cria um novo intermediador para todos os tipos de operações, o *site*, que proporciona ao cliente uma pesquisa detalhada sobre os produtos e as melhores ofertas do mercado. Por isso, o *site* precisa ser atrativo a ponto de o usuário não querer consultar outro, além de criar vantagens voltadas para o cliente. Notícias, entretenimento e jogos são algumas formas de atrair o público.

O grande problema está em fazer com que o ato de acessar a página da *web* esteja dentro dos costumes do cliente. É preciso ensinar o cliente a usar determinado *site* para que ele não queira visitar outro por uma questão de hábito, a não ser que ele esteja convencido de que seja bem melhor ou mais barato mudar.

2.7.3 – Impactos na Estrutura da Organização e Rede de Distribuição

Uma das modificações mais radicais nas empresas, após a implantação do comércio eletrônico, é a logística, ou seja, a capacidade de realizar entregas ágeis com um custo mínimo. Assim, colocar um *site* no ar oferecendo serviços é simples; o mais difícil e o maior custo disso ficam com a logística, a qual deve ser muito bem estruturada, pois um cliente insatisfeito pode fazer com que outras pessoas desconfiem dos serviços oferecidos pela empresa.

Com o advento do comércio eletrônico, as empresas devem rever o relacionamento com seus clientes e fornecedores, as estratégias de distribuição e as táticas de marketing, que são alguns dos esforços existentes por trás de um *site* de vendas.

Outra modificação é a redução de ativos, principalmente a redução dos estoques. Inicialmente isso representa um impacto para os fornecedores, pois as empresas passam a comprar menos; depois percebem que a freqüência é maior e, em conseqüência, o volume total é maior e, então, os fornecedores e as empresas passam a ser parceiros.

A velocidade também é outro fator importante, pois rapidamente o consumidor pode ir de uma loja para outra, o que facilita e aumenta o seu poder de compra. Na Internet é o comprador que começa a fazer o preço e quem vende só decide se é ou não vantajoso vender por aquele valor.

Na Internet, as empresas transformam-se em empresas de mídia, onde o ativo mais valorizado é a audiência. No caso de empresas que fazem negócios *on-line* direto com o consumidor, o primeiro passo é atrair as pessoas para o *site*. Para conseguir isso, as empresas tentam consolidar suas marcas e oferecer entretenimento; contudo, o mais importante, é oferecer serviços úteis aos visitantes do *site*. Nesse novo mercado, o preço está deixando de ser um diferencial e o que realmente conquistará os clientes serão os serviços. Portanto, quanto mais as empresas conhecerem seus clientes, melhores serviços poderão oferecer. Além disso, para reter o cliente, é fundamental que o *site* seja simples e fácil de acessar e que se torne familiar.

Um *Web site* precisa estar acompanhado de um bom programa de marketing, divulgando o *site* e chamando a atenção das pessoas para os serviços, o entretenimento e as promoções.

A confiabilidade da empresa também é um dos fatores que influencia muito na hora da decisão de compra do cliente. O tamanho da empresa na maioria dos casos pode significar o poder da marca, confiabilidade e confiança do consumidor. A Internet não mudou o modo como conseguir a confiabilidade do cliente, assim a barreira de entrada para fazer o comércio eletrônico é muito pequena, porém muito alta para se tornar uma das principais escolhas do consumidor.

O *Web site* não é um investimento de baixo custo, tendo em vista todos os esforços de que necessita para satisfazer os clientes, tais como manutenção, atualizações etc.

Um dos maiores investimentos para algumas empresas são os investimentos em marketing, além do controle do fluxo de *e-mails* e frota de entrega, no caso de empresas que precisam entregar seus produtos.

Por causa do alto custo, as empresas que decidem entrar nesse mercado precisam ter um motivo empresarial conveniente e, principalmente, conhecer seu público-alvo, pois é pelo profundo conhecimento de seus clientes que a empresa saberá se eles têm ou não acesso fácil à Internet e se não terão dificuldades e restrições culturais às compras pela rede.

O lucro ainda não é uma realidade para as empresas que atuam no B2C, visto que essas transações representam apenas 17% do total utilizado na Internet. Por enquanto, ela só é lucrativa se for considerado o lado institucional, pois as reduções de ligações para informações podem diminuir muito nessas empresas, já que as informações estão disponíveis no *site*, a qualquer hora, mas o lucro ainda demorará alguns anos para chegar. Contudo, no B2B, que representa 83% das transações, a redução de custos é enorme, pois as empresas se comunicam com fornecedores, clientes e parceiros de negócios.

Em alguns casos o comércio eletrônico pode também trazer a eliminação dos canais de revenda, fazendo com que o fabricante venda diretamente para o consumidor final, mas isso não é mandatório. Para algumas empresas, a vantagem é maior se venderem para seus revendedores por meio do comércio eletrônico. Na maioria dos casos a intenção não é contornar o canal, mas, sim, ajudá-lo.

Um grande problema enfrentado pelas empresas brasileiras para o uso do comércio eletrônico é que a Internet está sendo gerida pelo setor errado dentro das empresas, pois na maioria delas (cerca de 35%) o comércio eletrônico é gerenciado pelo departamento de informática, quando deveria estar sendo gerenciado pelo departamento de marketing (o que hoje representa menos de 24%).

A deficiência nas linhas de comunicação é outro problema enfrentado (*O uso de informática no mercado corporativo*, Information Week, maio 1999). Um empecilho para o desenvolvimento do comércio eletrônico é a falta de uma retaguarda de sistemas de Enterprise Resourse Planning (ERP) que suportem operações *on-line* com os parceiros comerciais. Há também a falta de padrão que envolva procedimentos, normas e soluções de aplicativos, dificultando, principalmente, o B2B. Para a área de comércio e serviços ainda é mais difícil, pois a cultura dos consumidores com hábitos de compra direta ainda é muito forte.

2.7.3.1 – Força de Vendas

A venda pessoal é um dos elementos mais importantes do composto promocional, é uma atividade crítica de gerência de marketing e é, também, a forma mais dispendiosa de promoção que uma empresa pode executar. Números recentes indicam que uma visita de vendas média custa R$ 300,00 à organização e normalmente uma em cada três visitas de vendas é bem-sucedida. Por que então uma empresa utilizaria a venda pessoal e incorreria nos custos a ela associados?

Venda pessoal é a comunicação verbal direta concebida para explicar como bens, serviços ou idéias de uma pessoa ou empresa servem às necessidades de um ou mais clientes potenciais.

Existem três razões principais pelas quais a venda pessoal é um componente tão importante da estratégia promocional. Vejamos:

- Ela envolve a comunicação direta entre um representante de vendas e um cliente potencial, sendo a única forma de promoção que permite à empresa reagir imediatamente às necessidades do cliente. Isto é, quando um vendedor faz sua apresentação, ele pode adaptá-la às necessidades do cliente. Essa capacidade resulta, constantemente, em maior número de vendas.

- A venda pessoal permite um retorno imediato; assim, a empresa tem informações oportunas a respeito da satisfação do cliente com suas ofertas. Outras formas de promoção, como, por exemplo, publicidade, são comunicações patrocinadas pela empresa e dirigidas ao mercado-alvo, mas quase nunca permitem um retorno imediato.
- A venda pessoal resulta em uma venda real, pois o vendedor pode sair do escritório do cliente com um pedido na mão. Assim, a venda pessoal é uma das poucas formas de promoção que podem ser ligadas diretamente à venda de um produto específico; portanto, as boas empresas dão realmente valor às suas forças de vendas.

Em virtude dos custos associados à venda pessoal, essa forma de promoção não é utilizada com muita freqüência para relacionamentos B2C, nos quais há muitos compradores dispersos geograficamente, cujas compras individuais não sustentariam o custo médio de uma visita de vendas. Muitas vezes, a venda pessoal é uma necessidade no mercado B2B e pode ser utilizada em mercados B2C, em que os compradores tendem a ser em menor número, geograficamente mais concentrado e mais inclinado a comprar em quantidades ou valores maiores. Além disso, a venda pessoal costuma ser uma necessidade para produtos complexos, para situações de compra de alto envolvimento e transações que envolvem negociações.

CAPÍTULO 3 *Benchmarking* Estratégico: Tendências e Aplicabilidade no Brasil

SÍLVIO LUIZ TADEU BERTONCELLO

Doutorando em Administração com ênfase em Gestão de Mercado pela Universidade Mackenzie. Mestrado em Administração pela PUC/SP. Mestrado em Economia Internacional pela Universidade de Barcelona. Pós-graduado em Administração e Administração de Marketing pela FAAP. Engenheiro. Professor dos cursos de MBA profissional, Pós-Graduação e Faculdade de Comunicação da FAAP.

Introdução

Este capítulo busca verificar as tendências de utilização e aplicabilidade da ferramenta *benchmarking* no Brasil e, para isso, divide-se em quatro partes.

A primeira parte trata do histórico, da evolução, das definições e dos tipos de *benchmarking*, importantes para um conhecimento mais profundo sobre a ferramenta.

A segunda parte mostra os elementos essenciais do *benchmarking*, deixando claro que devem existir princípios a serem seguidos pelos parceiros em um projeto, como de reciprocidade, analogia, medição e validade, não se esquecendo do código de conduta, muito importante e tão pouco utilizado pelas empresas.

Na terceira parte, são apresentados os processos de *benchmarking*, com abordagem de vários autores, e os passos para um modelo adequado, incluindo o desenvolvido pela APQCIBC (*American Productivity & Quality Center's Internatnal Benchmarking ClearingHouse*).

Na quarta e última parte é realizado um estudo de casos múltiplos, com cinco empresas que demonstraram estar dispostas a participar de entrevistas em profundidade, a saber: Banco do Brasil, Embraer, Kodak, Xerox, Alcan e AGF Brasil Seguros S/A.

Nas considerações finais são apresentados aspectos importantes, que mostram que existe uma tendência para a utilização da ferramenta *benchmarking* no Brasil, que se pode ligar aos programas de qualidade. Quanto à sua aplicabilidade, muito se tem a desenvolver, como princípios, códigos de conduta e processos. Para a grande maioria das empresas, *benchmarking* é uma ferramenta importante para aprendizado, agilidade e competitividade.

3.1 – Introdução ao *Benchmarking*

Quando historiadores do futuro traçarem o perfil dos homens de negócios deste final de milênio, notarão que algumas palavras mágicas foram invocadas na luta pela sobrevivência empresarial: Planejamento Estratégico, Satisfação do Cliente, Gestão da Qualidade Total, Segmentação, Competências Essenciais (HSM, 2004, p. 42).

Mais do que palavras, são conceitos que estão alterando o enfoque administrativo da década, posto que são os atributos que determinam o sucesso das empresas. Surgem, em conseqüência, algumas ferramentas da qualidade e competitividade que podem facilitar essa busca pelo sucesso. Dentre elas destaca-se o *benchmarking*.

3.2 – Histórico do *Benchmarking*

Se você conhecer o inimigo e a si mesmo, não precisará temer o resultado de cem batalhas.
(Sun Tzu, 1998, p. 15)

Lutar pelo melhor dos melhores.
(*Dantotsu*, ditado japonês, origem e data desconhecidas)

A história do *benchmarking* surgiu de duas antigas verdades que ilustram de modo convincente porque ele é tão necessário. A primeira delas é um ditado de mais de 2.500 anos, originário da China. As palavras de Sun Tzu mostram o caminho para o sucesso em todos os tipos de situações de negócios. Resolvendo problemas comuns, conduzindo batalhas gerenciais e sobrevivendo no mercado são formas de guerra, de acordo com os mesmos pensamentos, os de Sun Tzu. Pode-se citar como os mais importantes a observação dos concorrentes e a adaptação do melhor deles e a observação dos demais e com sua adaptação a modelos mais atuais, o de idéias bem-sucedidas na adaptação e aproveitamento. Todos são precursores das práticas empresariais que estão sendo seguidas por meio do atual *benchmarking* (Bogan, 1997, p. 49).

A segunda é a busca pelo *dantotsu*, os métodos e práticas "dos melhores entre os melhores", aplicados de maneira inovadora aos processos empresariais. *Dantotsu* implica um grau de conhecimento a respeito do ambiente, particularmente o de outros que também se esforçam para serem os melhores entre os melhores. Mesmo que os japoneses não denominem essa forma de *benchmarking*, eles se tornaram os mestres pela sua utilização prática por diversas gerações (Bogan, 1997, p. 295).

Com base na Teoria Geral da Administração, já no final do século passado, o trabalho de Frederick Taylor sobre a aplicação do método científico na empresa estimulou a comparação de processos de trabalho. Durante a Segunda Guerra Mundial, a prática empresarial tornou-se comum para as empresas "se compararem" às outras a fim de determinar padrões para pagamento, cargas de trabalho, segurança, higiene e outros fatores no âmbito empresarial.

Taiichi Ohno Toyoto (1999, p. 25) descreveu os esforços da Segunda Guerra Mundial em *benchmarking*:

> [...] Após a Segunda Guerra Mundial, os produtos americanos fluíram para o Japão – chicletes e Coca Cola, até mesmo o Jeep. O primeiro supermercado de estilo americano apareceu em meados dos anos 50. E quanto mais os japoneses visitavam os Estados Unidos, mais viam a íntima relação entre o supermercado e o estilo de vida da América. Conseqüentemente em virtude da curiosidade e da inclinação por imitação dos japoneses, este tipo de loja tornou-se mania no Japão [...].

Depois Ohno aplicou suas observações sobre o supermercado utilizando a reposição na prateleira como analogia para seu desenvolvimento do método de gerenciar estoque *Just in Time* (JIT). "Do supermercado, conseguimos a idéia de ver o processo anterior numa linha de produção como um tipo de loja". A analogia do supermercado forneceu a Ohno um exemplo de um processo que o capacitasse a desenvolver o sistema *kanban* para administração de fluxo de estoque, que tem como base um sistema de informação visual que aciona e controla a produção (Ferreira, 2000, p. 151).

Segundo Gregory Watson (1994, p. 7), muitos observadores têm descrito os empresários japoneses como "copiadores" que sobressaíram apenas na arte da imitação. Isso não é verdade, mas os japoneses têm aplicado a prática de *benchmarking* para desenvolvimento de produtos e processos como meio de abreviar o tempo necessário para implementar aperfeiçoamentos e reduzir o tempo requerido para levar os produtos ao mercado. Paul Howell (1991, p. 15) observou:

> Os japoneses se sobressaem em benchmarking, na análise exaustiva das melhores empresas de cada indústria, aperfeiçoando continuamente seu desempenho até que os produtos e serviços japoneses acabem se tornando os melhores.

Watson acredita que o *benchmarking* se transformou em uma quinta geração em seu desenvolvimento como processo empresarial. Sua evolução assemelha-se ao modelo clássico de "arte, transição para ciência" relativo ao desenvolvimento de uma nova disciplina de gerenciamento. Essa transição, que ocorre por meio de quatro gerações de desenvolvimento, desde a época da aplicação do supermercado de Taiichi Ohno, é interpretada à luz da divulgação do método de *benchmarking* da Xerox Corporation no final dos anos de 1980, depois de ter sido ganhadora do Prêmio Nacional de Qualidade de 1989.

Observa-se pela Figura 3.1 que a primeira geração de *benchmarking* pode ser fundamentada como engenharia reversa orientada para o produto ou análise competitiva do produto. Como ilustração da ênfase nessa área, por volta de 1990 tinham sido publicados 800 artigos em que *benchmarking* era listado como palavra-chave. Esses artigos eram quase inteiramente das áreas de engenharia civil ou comparações de produtos quanto ao desempenho de *software* ou *hardware*. Menos de 20 dos artigos abordavam o *benchmarking* de processo e quase todos descreviam a experiência da Xerox (Holland, 1992). Nessa primeira geração, as comparações de características, funcionalidade e desempenho de produto eram feitas com produtos ou serviços semelhantes. A engenharia reversa, que tende a ser uma análise técnica baseada na engenharia para comparações de produto, inclui a "destruição" e avaliação das características de produtos técnicos. Em contrapartida, a análise competitiva do produto compara características orientadas para o mercado a fim de avaliar as capacidades relativas de competitividade de produtos ofertados.

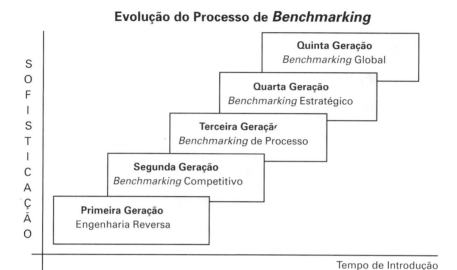

Fonte: WATSON, Gregory, Benchmarking estratégico, p. 8.

Figura 3.1 – *Benchmarking* como ciência em desenvolvimento.

A segunda geração, *benchmarking* competitivo, foi aprimorada em uma ciência na Xerox entre os anos de 1976-1986. O *benchmarking* comparativo extrapolou as comparações orientadas para o produto com a intenção de incluir comparações de processos com os de concorrentes.

Precisando compreender que processos seus concorrentes estavam utilizando para entregar os produtos com maior eficiência, a Xerox desenvolveu essa capacidade após constatar que os custos de produção de seus produtos se igualavam aos preços de venda de seus concorrentes. As capacidades e características operacionais de copiadoras concorrentes foram comparadas e seus componentes mecânicos foram desmontados para análise. Esses primeiros estágios de *benchmarking* foram chamados de comparações da qualidade e das características dos produtos.

A Xerox não é a inventora do *benchmarking*, mas provavelmente uma das companhias mais identificadas com essa prática, por ter sido uma das primeiras a descobrir os méritos dele. No artigo de Richard J. Leo, vice-presidente da Xerox Quality Services, em Rochester, Nova York, são citados a preocupação da empresa em dar continuidade à política de qualidade, o *benchmarking* e outras iniciativas, como gestão de resultados, foco no cliente e utilização de ferramentas estatísticas para gerenciar os resultados, tomar decisões e melhorar o processo (HSM, 1997, p. 78).

A terceira geração de *benchmarking* desenvolveu-se durante 1982 e 1988, à medida que mais líderes de qualidade reconheceram que podiam aprender mais facilmente com empresas fora de sua área do que com estudos de concorrentes. A empresa que compete tem limites normais além dos quais não vai (e não pode, em virtude de restrições empresariais) compartilhar informação de processo. Esses limites e restrições não se aplicam a empresas que não constituem concorrentes diretos. A profundidade de conhecimento disponível entre não-concorrentes é tão detalhada quanto sua habilidade de compartilhar informação de processo. A ausência de qualquer restrição de partilha de informação tem levado a uma mudança que tem ampliado as aplicações de *benchmarking*: em vez de só objetivar concorrentes, pretendem atingir empresas com métodos de consistência reconhecida independentemente do tipo de negócio. Não obstante, essa mudança também requer conhecimento mais profundo das semelhanças entre as empresas que podem parecer diferentes superficialmente, bem como aplicação de lições aprendidas por meio dos limites de sua área de negócios. Esse *benchmarking* de processo baseia-se no desenvolvimento de analogias entre os processos empresariais em duas ou mais empresas. Por exemplo, a fim de conseguir um resultado objetivo de seu estudo sobre o processo de entrega de encomenda, a Xerox buscou uma analogia referente ao despacho de produtos da linha de copiadoras utilizando o processo da L. L. Bean, varejista de roupas esportivas. Uma das características de *benchmarking* de processo é a identificação de processos empresariais específicos que constituam alvos para análise. Em decorrência, surgiram as questões quanto ao que seja processo e porque ele é importante (Aaker, 2001, p. 130).

Somente no movimento de qualidade é que surgiu uma lição importante para a empresa: todo negócio é processo. Processo é uma série de transações que correspondem às exigências do cliente; considerando todo sistema empresarial, desde a capacidade dos fornecedores, as relações com os clientes, a gestão de recursos financeiros e humanos, enfim, todos os recursos disponíveis, objetivando melhorar o processo empresarial. Ao compartilhar informações sobre processos empresariais e técnicas de aperfeiçoamento de processo, em vez de preço e produto, as empresas buscam abreviar o tempo de desenvolvimento de processo e aumentar suas capacidades. Aprendem com outras empresas sobre sucessos e fracassos em processos comuns. Esse tipo de observação direta é denominado *benchmarking*.

Benchmarking representa uma mudança fundamental em filosofia nos negócios competitivos. Nele, além de se estabelecer uma base para colaboração no início, determinam-se os parâmetros para a cooperação. As empresas que *benchmark* os processos comuns uma das outras compartilham semelhanças de processo que têm probabilidade de ser comparações análogas, em vez de métodos diretamente competitivos de operação. Contudo, mesmo os concorrentes podem compartilhar informações de aperfeiçoamento de processo quanto a práticas que não são explicitamente restringidas por sanções empresariais, tais como redução de inadimplência, fluxo de papéis, segurança.

Benchmarking não é apenas obter idéias de processo de outras empresas; é também a criação de um desafio nacional coerente para aperfeiçoamento contínuo. Na análise dos fatores que influenciam seus ambientes competitivos específicos, muitas empresas chegam a reconhecer que seu sucesso a longo prazo depende de dois fatores externos: o mercado global e o desenvolvimento de produtividade nacional. As empresas não podem mais restringir sua perspectiva para limites de mercados localizados ou até mesmo nacionais. Essa prática leva à miopia de mercado e falência econômica, conforme provado pelas inúmeras empresas que não tinham uma perspectiva global quanto a seus mercados em potencial, como também não conseguiram avaliar as ameaças internacionais em seus próprios mercados. Uma empresa que estabelece e mantém uma perspectiva global está mais capacitada a satisfazer e a responder às suas necessidades contínuas e mutáveis. Quanto ao desenvolvimento da produtividade nacional, só por meio do aumento da inovação e da qualidade e do uso eficaz e responsável de recursos naturais e humanos os países fortalecerão e manterão sua posição como líder mundial econômico. As empresas que trabalham juntas para aumentar a eficiência global de processos empresariais alcançarão maior produtividade e competitividade tanto em casa quanto no exterior (Hitt, 2002, p. 323).

Quando a competitividade global e a produtividade nacional são mantidas em perspectiva, o *benchmarking* surge como veículo para promover e propagar o conceito de livre mercado. Compartilhar informação de aperfeiçoamento de processo ajuda a evitar a redundância que pode estar embutida em muitas empresas em uma nação. Quando cada empresa é deixada com seus próprios recursos, as opções para aperfeiçoamento de processo limitam-se às experiências individuais. As empresas podem, pela autodescoberta, encontrar meios de melhorar seus próprios processos em resposta a ocorrências ou problemas específicos ou até mesmo criar e desenvolver seus próprios processos. Entretanto, nenhuma dessas abordagens pode incorporar o aprendizado coletivo e o conhecimento do processo adquirido por meio de experiências e práticas compartilhadas de uma "sociedade de empresas".

Um estudo de *benchmark* produz dois resultados: o primeiro, uma medida de excelência de desempenho de processo que pode ser utilizada como padrão para comparação, por exemplo, índice de movimento geral de estoque ou número de unidades estocadas para itens de vendas reais, e o segundo, uma determinação dos capacitadores do processo que ajudaram a desenvolver o nível de desempenho observado, por exemplo, a aplicação de tecnologia de informação ou procedimentos específicos utilizados para gerenciamento da cadeia logística. Esses capacitadores são a chave para melhorar o desempenho da empresa do observador, e sua descoberta é a meta real do estudo de *benchmarking*.

A quarta geração de *benchmarking* é referida como *benchmarking* estratégico, que Watson define como um processo sistemático para avaliar alternativas, implementar estratégias e melhorar o desempenho compreendendo e adaptando estratégias bem-sucedidas de parceiros externos que participam de uma aliança empresarial contínua. *Benchmarking* estratégico difere de *benchmarking* de processo em termos de escopo e profundidade de empenho entre empresas participantes. *Benchmarking* estratégico vêm "usando *benchmarking* para mudar fundamentalmente a empresa, não apenas para beliscar processos". Nesse sentido, é um processo de aprendizado que ajuda a alimentar a reengenharia de processos. "Planos de contingência podem ser desenvolvidos e implementados com muito mais rapidez e por um custo bem menor, através de benchmarking, do que se desenvolvidos desde o início" (Watson, 1994, p. 10).

A quinta geração de *benchmarking* reside em uma aplicação global, que se interliga à distinção entre processos empresariais internacionais, culturais e empresariais entre as empresas e compreende suas implicações para o aperfeiçoamento do processo empresarial. Hoje, apenas algumas organizações de destaque trabalham sistematicamente nessas questões como parte de seu processo de planejamento estratégico.

Com base nessas evoluções, a decisão de utilizar a ferramenta *benchmarking* no primeiro ou no último estágio deve levar em consideração que, pela perspectiva do cliente com relação ao contexto competitivo, a comparação pode incluir muitas empresas diferentes com origens em muitas indústrias. Por exemplo, na indústria de computadores, tão rápida em suas mudanças, escolher empresas para o *benchmarking* apenas entre o conjunto daquelas que vendem *hardware* indica uma visão um tanto limitada. Muitos clientes não limitam seu escopo da indústria de *hardware* e computadores de grande porte. A melhor aproximação aos padrões definidos por clientes envolveria fazer o *benchmarking* com o melhor gerado em cada subconjunto da indústria de serviços de informação, esteja ela onde estiver: *hardware*, *software*, consultoria, integração de sistemas, educação, computadores pessoais, *notebooks*, redes e assim por diante. Por ser a competição intensa na indústria de serviços de informação, as expectativas dos clientes são formadas por muitas empresas diferentes (Zeithaml, 2003, p. 227).

O *benchmarking* é um veículo para estimular as mudanças em uma organização. Se a administração de uma empresa não utiliza o *benchmarking*, deveria interpretar as seguintes questões: há interesse em levar a organização à posição de maior participação no mercado, crescimento e de liderança no setor?

Acredita-se que o *benchmarking* possa oferecer à empresa a oportunidade necessária para aprender como e onde melhorar o desempenho?

A receita para que o processo e/ou os resultados da ferramenta *benchmarking* sejam bem-sucedidos requer três ingredientes básicos: uma equipe gerencial de apoio que tenha um problema real a ser resolvido, acesso a possíveis parceiros de *benchmarking* que previamente tenham resolvido esse problema e uma equipe perita em *benchmarking* com habilidade para utilizar ferramentas básicas de qualidade e práticas de pesquisa para investigar problemas de processo até sua causa raiz. A esses três ingredientes básicos devem ser acrescentadas uma pitada de pesquisa e paciência. Para a empresa que estiver iniciando sua jornada de *benchmarking*, o sucesso poderá ser único e abundante vindo tanto da descoberta quanto da aplicação de conhecimento de processo profundo (Lincoln, 1997, p. 73).

3.3 – Definições da Ferramenta *Benchmarking*

3.3.1 – Definições Formais

De acordo com pesquisa a vários autores, as seguintes definições podem ser destacadas:

Benchmarking é a busca pelas melhores práticas que conduzem uma empresa à maximização da performance empresarial. Estabelecer alvos operacionais com base nas melhores práticas possíveis da indústria é um componente crítico no sucesso de toda empresa (Camp, 1993, p. 10).

Benchmarking é a mais recente prática de qualidade que tem despertado o interesse empresarial. A razão fundamental do *benchmarking* é aprender como melhorar os processos empresariais e aumentar a competitividade, sabendo-se que, mais do qualquer outra prática de qualidade, pode trazer retornos mais rápidos para o que é básico na empresa (Watson, 1994, p. 40).

O *benchmarking* leva a análise estratégica ao nível de detalhe seguinte, o que é necessário para se vencer na linha de frente. Ele olha para a maneira como um produto ou serviço é produzido, tampouco se limita aos concorrentes. O *benchmarking* pode ser usado para se estudar qualquer empresa que possa fazer um produto similar ou que execute um processo ou atividade similar, quer esta seja no setor da empresa de *benchmarking* ou não. Geralmente é feito por uma equipe que inclui pessoas integrantes do processo operacional que está sendo estudado, o que significa que as "picuinhas" do tipo "nós não acreditamos em vocês" do departamento operacional *versus staff* jamais acontece (Boxwell, 1996, p. 52).

Benchmarking é um processo contínuo e sistemático de avaliação de produtos, serviços e processos de trabalho, de organizações que reconhecidamente praticam as melhores técnicas com a finalidade de melhoria organizacional (Spendolini, 1992, p. 09).

O *benchmarking* é o processo pelo qual uma organização compara, de modo contínuo, seus processos, produtos e serviços com os das melhores organizações do mundo que desempenham as mesmas funções, ou funções similares (Balm, 1995, p. 37).

Essas definições servem para reforçar o *benchmarking* como padrão para a comparação de outros objetos ou atividades. Ele é um ponto de referência a partir do qual devem ser medidos os outros. Convém enfatizar que o termo *benchmarking* se mantém na sua forma original em inglês, assim como seus derivativos, tais como o verbo *benchmark*, ação de ter um padrão de referência, e o substantivo *benchmarker*, que significa a empresa que copia e aprimora alguma área que tem como referencial outra empresa considerada de excelência no mercado, concorrente direto ou não (Boxwell, 1996, p. 2).

O *benchmarking* empregado no sentido do dicionário serve como padrão, mas um padrão que pode mudar ao longo do tempo para refletir as condições reais do mundo dos negócios, isto é, quais práticas precisam mudar ao longo do tempo para que seja mantida a competitividade.

Benchmarking é uma busca contínua pela aplicação de práticas significativamente melhores que levam a desempenho competitivo superior. O processo por meio do qual a organização aprende, modelada no processo de aprendizado humana (Watson, 1993, p. 217).

Muitas definições foram propostas para *benchmarking*; porém, uma delas, desenvolvida na APQC pela International Benchmarking Clearing-House (IBC) *Design Steering Committee*, representa um consenso entre cerca de 100 companhias: *benchmarking* é um processo sistemático e contínuo de medida; um processo para medir e comparar continuamente os processos empresariais de uma organização em relação a líderes de processos empresariais a fim de obter informações que podem ajudar a organização a agir para melhorar seu desempenho.

Embora seja um processo de parâmetros e resulte em medidas de desempenho comparativo, também descreve como se obtém desempenho excepcional. Os métodos que levam ao desempenho excepcional são denominados capacitadores. Assim sendo, o processo de *benchmarking* traz dois tipos de resultados: *benchmarks*, ou medidas de desempenho comparativo, e capacitadores, que representam a teoria por trás do desempenho de processo.

De todos os conceitos nas diversas fontes pesquisadas, analisadas sob focos diferentes, têm-se vários conjuntos de observações ou uso de palavras diferentes para descrever as mesmas coisas. Alguns autores exploram o *benchmarking* na dimensão estratégica, da competitividade ou da produtividade, mas todos demonstram que é um processo contínuo que compara e avalia outras organizações em qualquer lugar do mundo para conseguir informações em filosofia, política, práticas e avaliações que ajudarão nossas organizações com o propósito de crescimento de performance das ações a serem tomadas. Para maior elucidação, apresenta-se a seguir a Figura 3.2.

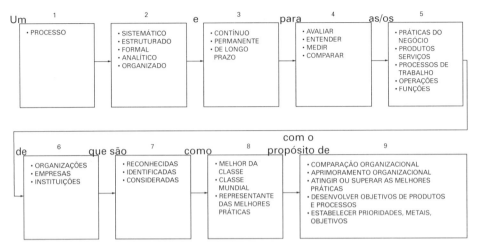

Fonte: SPENDOLINI, Michael, *The TQM Magazine*, p. 11.

Figura 3.2 – *Benchmarking* menu.

3.3.2 – Definições Operacionais

A definição de *benchmarking* vista pela perspectiva de alguém que tenha estado envolvido no processo por certo número de anos e utilizado muitas vezes o processo, incorpora as definições anteriores, mas vai além, para enfatizar algumas considerações importantes não incluídas nessas definições. A definição operacional preferida para *benchmarking*:

Benchmarking é à busca das melhores práticas na indústria que conduzem ao desempenho superior.

Essa definição, segundo Robert Camp (1993, p. 10), é ä preferida, porque é compreensível para as unidades de negócios e funções operacionalmente orientadas. Se elas conhecem bem sua operação, então a busca para assegurar a incorporação das melhores práticas comprovadas é um objetivo claro. A definição cobre todos os empreendimentos empresariais possíveis, sejam produtos, sejam serviços, sejam processos de apoio. Não é necessário incluí-los por referência específica.

O foco está nas práticas. Somente por meio de mudanças nas práticas ou métodos correntes de execução dos processos é que a eficácia global será alcançada. O foco enfatiza as práticas e sua compreensão antes de ser derivada uma métrica de *benchmarking*. As métricas do *benchmarking* são vistas como resultado da compreensão das melhores práticas e não como algo quantificado antes e compreendido depois.

A definição concentra-se em atingir desempenho superior. A esse respeito, ela busca o *dantotsu*, a melhor das práticas, a melhor da classe ou da espécie. Isto é, as melhores práticas que devem ser buscadas independentemente de onde estão, na própria empresa, com os concorrentes, no mesmo setor ou fora deste setor. Somente essa visão poderá assegurar superioridade em vez de paridade.

A definição é proativa e um empreendimento positivo. É calculada para obter cooperação dos parceiros de *benchmarking*. Poucos profissionais objetariam a busca constante das melhores práticas. É preciso haver troca de idéias e debates constantes a respeito de como a indústria está indo para que ela se auto-aperfeiçoe constantemente. Isso ocorrerá somente se a busca for aberta e vista como um benefício para ambos os parceiros de *benchmarking* (Camp, 1993, p. 11).

O *benchmarking* pode ser abordado como uma parceria na qual ambas as partes esperam ganhar com a partilha de informações. A discussão de práticas e métodos, especialmente entre empresas não concorrentes, somente pode resultar em ganhos para ambas as partes. Mesmo empresas concorrentes podem ganhar com discussões que abordem de maneira adequada tópicos exclusivos e sensíveis. A concentração nas melhores práticas permite que esse objetivo seja alcançado.

O *benchmarking* pode motivar os gerentes, porque é uma atividade positiva, percebida como mecanismo de aperfeiçoamento das operações para a busca proativa das melhores práticas.

O *benchmarking* é a justificação mais digna de crédito para as operações. Não pode haver muita discussão a respeito da posição de um gerente, se ele buscou o que havia de melhor na indústria e o incorporou aos seus planos e processos.

3.3.3 – Definições Estratégicas

Podemos tomar como base a definição de Bruce D. Henderson sobre estratégia, em artigo publicado na Harvad Business Review:

> Estratégia é uma pesquisa deliberada por um plano de ação que desenvolverá a vantagem competitiva de uma empresa e a comporá. Para qualquer empresa, a busca é um processo interativo que tem início com um reconhecimento de onde você se encontra e o que tem agora. Seus concorrentes mais perigosos são aqueles que se parecem mais com você. As diferenças entre você e seus concorrentes são à

base de sua vantagem. Se estiver no negócio e for auto-sustentado, já tem algum tipo de vantagem competitiva, não importa quão pequena ou sutil. Caso contrário, teria gradualmente perdido consumidores com mais rapidez do que os conseguiu. O objetivo é aumentar o escopo de sua vantagem, o que só pode acontecer à custa de um terceiro (HBR, 1989, p. 5).

Definições como esta têm levado à aplicação da analogia bélica, porque a estratégia tem, então, vencedores e perdedores definidos e o custo da perda é a extinção. Essa arte de operação de guerra empresarial foi descrita há séculos como um conjunto de mudança constante de condições em que o general deve reconsiderar todo movimento de seu oponente antes do início da batalha, a fim de garantir um resultado vitorioso. "Se você estiver totalmente familiarizado com a estratégia do inimigo, reconhecerá as intenções dele, tendo, assim, muitas oportunidades para vencer..." (Sun Tzu, 1983, p. 29).

Além do contexto de metáfora militar, é instrutivo observar que os ingredientes essenciais para o sucesso são observação, aprendizado e adaptação. Esses ingredientes definem o sucesso na arena estratégica, e o *benchmarking* ajuda a facilitar sua implementação.

Podem ser abordadas estratégias de outras formas. Mintzberg, por exemplo, descreve os cinco Ps para estratégia. O primeiro P trata da estratégia como um plano, ou algo equivalente, uma direção, um guia ou curso de ação para o futuro, um caminho para ir daqui até ali. O segundo P considera a estratégia como um padrão, ou consistência em comportamento ao longo do tempo. Pode-se resumir que com base nesses conceitos a estratégia, como um plano, significa olhar para frente e, como padrão, olhar o comportamento passado (Mintzberg, 2000, p. 17).

O terceiro P define estratégia como posição, ou a localização de determinados produtos em determinados mercados – o Big Mac do McDonald's para o mercado de refeições rápidas, por exemplo. De acordo com Michael Porter, "estratégia é a criação de uma posição única e valiosa, envolvendo um conjunto diferente de atividades" (1996, p. 68).

O quarto P trata estratégia como perspectiva, isto é, a maneira fundamental de uma organização fazer as coisas – a maneira do McDonald's. Na colocação de Peter Drucker, esta é a "teoria do negócio" (1994, p. 95).

O último P coloca a estratégia como um truque, uma manobra específica para enganar um oponente ou concorrente.

De acordo com os conceitos abordados, pode-se, por meio da utilização da ferramenta *benchmarking* pelas organizações, verificar se realmente as áreas responsáveis pela estratégia estão voltadas para uma visão para frente, focadas no passado ou outra associação ao conceito de Mintzberg. Não é objetivo deste capítulo aprofundar essas análises e sim verificar se as organizações aplicam *benchmarking* em áreas estratégicas e não só em áreas operacionais.

3.3.4 – A Teoria Subjacente de *Benchmarking*

Benchmarking é uma prática de gestão que facilita o recurso contínuo de informação nova para uma empresa. Conforme definição anterior, é um "processo de medida sistemático e contínuo". Robert C. Camp propôs uma descrição simplificada de *benchmarking*:

> Um processo positivo e pró-ativo por meio do qual uma empresa examina como outra realiza uma função específica a fim de melhorar como realizar a mesma ou uma função semelhante.

O *benchmarking* busca dois tipos de informações: medida que indica excelência de processo e atividades capacitadoras que produzem os resultados excepcionais comprovados.. O processo de *benchmarking*, portanto, serve como área permitida onde são descobertos os avanços do aprendizado organizacional e as oportunidades para maior aprendizado e desenvolvimento.

O objetivo de *benchmarking*, conforme descrito pela Clearing House, é:

> [...] acelerar o processo de mudança empresarial em termos de avanço e aperfeiçoamentos contínuos em produtos, serviços e processos – que resulta em total satisfação do cliente e vantagem competitiva – combinado aperfeiçoamentos dos processos empresariais e melhores métodos em utilizações nas organizações reconhecidas como excelentes (Camp, 1995).

3.3.5 – Termos Importantes para Entender a Ferramenta *Benchmarking*

Para entender melhor a ferramenta *benchmarking*, conforme Robert Camp (1993, p. 8), existem algumas considerações que exigem descrições mais detalhadas.

- **Processo contínuo**

    Benchmarking é um processo gerencial e de auto-aperfeiçoamento, que precisa ser contínuo para ser eficaz. Ele não pode ser executado uma vez e depois negligenciado, na crença de que a tarefa foi concluída. Ele precisa ser um processo contínuo, porque as práticas da indústria mudam constantemente. Os líderes ficam mais fortes a cada instante. As práticas precisam ser continuamente monitoradas, para garantir a descoberta das melhores. Somente as empresas que perseguem o *benchmarking* com disciplina terão sucesso em alcançar um desempenho superior. Em um ambiente de mudanças constantes, complacência é fatal.

Medição

O termo *benchmarking* significa medição. Essa medição pode ser realizada de duas formas. As práticas internas e externas podem ser comparadas e uma declaração de diferenças significativas pode ser documentada. Trata-se de uma declaração verbal de medição das melhores práticas da indústria, que devem ser implementadas para atingir superioridade, embora seja de natureza qualitativa. Ela descreve a oportunidade da adoção das melhores práticas.

As práticas podem ser quantificadas para mostrar uma medição analítica da diferença entre elas. Esta quantifica o tamanho da oportunidade. Esta métrica constitui com freqüência a medição franca desejada pela maioria dos gerentes. Embora seja importante e tradicional esforçar-se para obter medições de *benchmark* a partir de análises, fica evidente que ambas devem ser buscadas. As práticas nas quais se baseiam as medições devem ser buscadas antes. O *benchmarking* não é apenas uma investigação de medidas na função empresarial externa, mas uma investigação para determinar que práticas estão sendo utilizadas para assegurar eficácia e superioridade e quais atingem as medidas necessárias. O *benchmarking* não é apenas um estudo da concorrência, mas um processo de determinação da eficácia dos líderes da indústria por meio da medição dos seus resultados.

Produtos, serviços e práticas

O *benchmarking* pode ser aplicado a todas as facetas de uma empresa. Ele pode ser aplicado aos produtos e serviços básicos, aos processos que entram na fabricação desses produtos e a todas as práticas e métodos de processos de apoio para levar de maneira eficaz esses produtos e serviços aos clientes e satisfazer suas necessidades. O *benchmarking* vai além da análise competitiva tradicional, para revelar não apenas quais são as melhores práticas da indústria, mas também para obter uma clara compreensão de como essas práticas são utilizadas.

- **Empresas conhecidas como líderes em suas indústrias**

    O *benchmarking* não deve visar somente aos concorrentes diretos dos produtos de uma empresa. Na verdade, seria um erro fazer isso, uma vez que eles podem ter práticas abaixo das desejáveis.

    O *benchmarking* deve ser dirigido a empresas e funções reconhecidas como as melhores ou líderes em suas indústrias, tais como bancos para o processamento de documentos isentos de erros. A empresa que serve como parceria de *benchmarking* nem sempre é óbvia. É necessária uma investigação cuidadosa para determinar as empresas a serem buscadas como parceiras de *benchmarking* e por quê?

    No sentido formal, o *benchmarking* é uma experiência continuada de investigação e aprendizado que assegura que as melhores práticas sejam descobertas, analisadas, adotadas e implementadas. Ele focaliza as melhores práticas disponíveis e assegura a compreensão de como são executadas. Finalmente, determina o valor dessas práticas ou até que ponto elas são bem executadas.

Os conceitos abordados foram resumidos na Tabela 3.1 a seguir.

Tabela 3.1 – Significado do *benchmarking*.

O *Benchmarking* é	O *Benchmarking* não é
Um processo contínuo.	Um evento que ocorre uma única vez.
Um processo de investigação que fornece informações valiosas.	Um processo de investigação que fornece respostas simples.
Um processo de aprendizado com os outros, uma busca pragmática de idéias.	Copiar, imitar.
Um processo que leva tempo e dá trabalho, exigindo disciplina.	Rápido e fácil.
Uma ferramenta viável que fornece informações úteis para melhorar praticamente qualquer atividade de negócios.	Uma novidade, uma moda.

Fonte: CAMP, Robert, op. cit., p. 12.

3.3.6 – Tipos de *Benchmarking*

Para Watson, há várias denominações para os tipos de *benchmarking*, o que pode causar certa confusão; então ele minimiza com a adoção de duas categorias. A primeira categoria é aquela em que é descrito o tipo de estudo de *benchmarking* que é realizado e compreende: de processo, global, de custo, de desempenho, do cliente, estratégico e operacional. Cabe, ainda, o tipo competitivo, que, como exceção, adapta-se às duas categorias definidas.

A outra categoria definida enfatiza para onde o *benchmarking* é dirigido e compreende: *benchmarking* interno, competitivo, funcional e genérico (Watson, 1994, p. 97).

3.3.6.1 – *Benchmarking* Interno

Em princípio, e de maneira objetiva, pode-se afirmar que este tipo de *benchmarking* encerra o fato de os parceiros selecionados estarem dentro de uma mesma companhia. É consenso entre os autores pesquisados de que o estudo interno é a melhor forma de iniciar a utilização da ferramenta *benchmarking*, pelas seguintes razões:

- é mais fácil comparar operação interna;
- não há problema de confidencialidade;
- é possível descobrir diferenças de interesse, focalizar questões críticas e definir escopo de um estudo externo;
- pode-se definir uma operação interna como marco de referência;
- a equipe de estudo pode crescer na curva de aprendizado;
- há menos reserva para o compartilhamento de informações;
- é fácil encontrar funções semelhantes em diferentes unidades operacionais na mesma companhia.

Enfim, nota-se que os facilitadores e os benefícios para esse tipo de estudo de *benchmarking* devem levar as organizações para a decisão de uso do *benchmarking*.

3.3.6.2 – *Benchmarking* Competitivo

O termo "competitivo" leva à imediata relação com competição, concorrência, e pode-se até afirmar que foi justamente sob esse aspecto que surgiu o *benchmarking*. As organizações, pela sua própria razão de existência, estão sempre buscando melhorar seus processos em relação à concorrência para se manterem mais competitivas. Nesse estudo, busca-se a comparação sempre com o que há de melhor no mercado, pois isso é mais fácil de ser identificado, embora também seja maior a probabilidade de não haver o interesse de compartilhamento de informações.

Benchmarking competitivo, como ensina Robert Boxwell (1996, p. 50), significa medir funções, processos, atividades, produtos ou serviços em relação aos concorrentes e melhorá-los de modo que sejam, idealmente, os melhores do ramo ou, no mínimo, melhores do que os dos concorrentes.

Esse tipo de estudo é considerado o padrão de *benchmarking*, pois os concorrentes diretos em produtos são os objetivos mais óbvios de análise e comparação.

Aqui também podem ser registrados alguns tópicos comuns aos autores pesquisados:

- as operações devem ser verdadeiramente comparáveis;
- deve-se avaliar corretamente o porte, para não prejudicar a comparação;
- a coleta de dados é o item de maior dificuldade nesse processo;
- pode-se buscar a troca de informações por meio de uma terceira parte, um consultor, por exemplo;
- deve-se garantir a confidencialidade e o anonimato, para despertar o interesse na colaboração, e deve-se sempre seguir o código de conduta ética;
- informações sobre o que constitui a base da vantagem competitiva da organização são praticamente inacessíveis;
- muitos fracassos ocorrem não porque os dados não são coletados, mas porque os gerentes não utilizam as informações aprendidas.

Uma síntese do que é o *benchmarking* competitivo é demonstrado por um quadro elaborado por Robert Boxwell (1996, p. 32), reproduzido a seguir na Tabela 3.2.

Tabela 3.2 – *Benchmarking* competitivo.

Benchmarking Competitivo	
Sua Organização	Seus Concorrentes
– o que você está fazendo	– o que eles estão fazendo
– como você está fazendo	– como eles estão fazendo
– quão bem você está fazendo	– quão bem eles estão fazendo
Resultado: ampliado o conhecimento de sua organização	Resultado: ampliado o conhecimento da sua concorrência

Fonte: Benchmarking competitivo (Xerox Corp.)

3.3.6.3 – *Benchmarking* Funcional

Nesta classificação tem-se a concentração das investigações em uma atividade ou função operacional específica. Segundo Gerald Balm (1995, p. 50), o *benchmarking* funcional é a comparação com outras companhias de classe mundial que exercem a mesma atividade e, normalmente, pertencentes ao mesmo setor industrial, mas não concorrentes diretos. Para isso, faz-se necessário que as operações sejam comparáveis do ponto de vista logístico. Essa é a forma mais fácil de praticar *benchmarking*, conforme se verifica nas seguintes observações extraídas dos textos pesquisados:

- as empresas em foco dão mais do que recebem;
- é grande a probabilidade de compartilhamento de dados;
- embora com maior dificuldade para se identificar, há probabilidade maior de existência de diferenças substanciais de melhoria;
- não é muito difícil identificar as empresas líderes em determinadas funções;
- é mais fácil despertar interesse para a investigação e o intercâmbio de dados;
- há menos problemas com a confidencialidade das informações;
- as práticas encontradas em indústrias diferentes são aceitas com maior facilidade que as práticas da mesma indústria;
- *benchmarking* do líder da indústria supera a síndrome do "não inventado aqui", encontrada na mesma indústria.

Enfim, o *benchmarking* funcional, conforme observa Robert Camp (1995, p. 56), enseja um interesse inquisitivo e positivo por parte dos observadores, para que vejam as possibilidades da junção do melhor das melhores práticas de várias fontes e de operações diferentes.

3.3.6.4 – *Benchmarking* Genérico

Na definição sucinta de Gerald Balm (1996, p. 50), é a comparação com companhias de classe mundial que, embora não pertençam ao mesmo setor industrial, desenvolvem processos similares.

Robert Camp nos ensina:

> O benefício desta forma mais pura do *benchmarking* é a possível descoberta de práticas e métodos ainda não implementados na indústria do investigador. Podem ser descobertas tecnologia e práticas comprovadas e facilmente transferíveis, necessitando de pouca ou nenhuma adaptação.

Verifica-se, então, que é facilmente compreensível que existam funções ou processos empresariais que sejam os mesmos, apesar das diferenças entre as indústrias. Afinal, é comum várias empresas terem de desenvolver processos que envolvam pedidos, vendas, recursos humanos, administração de material, entre vários outros exemplos.

Até para efeito de comparação, podem ser destacadas algumas observações acerca desse tipo de *benchmarking*:

- tem potencial para revelar as melhores das melhores práticas;
- obtém melhor prova de possibilidade de implementação, com tecnologia já testada e em uso por outra empresa;
- é de uso e aceitação mais difícil, mas apresenta o mais alto retorno em longo prazo.

Para a perfeita identificação dos pontos mais marcantes, são comparados a seguir os tipos de *benchmarking* descritos:

- *benchmarking* **interno**: comparação de operações internas;
- *benchmarking* **competitivo**: comparação de concorrente com concorrente para produto ou função específica;
- *benchmarking* **funcional**: comparações das funções similares na mesma indústria;
- *benchmarking* **genérico**: comparações de funções que são as mesmas, independentemente da indústria.

3.4 – Os Princípios de *Benchmarking*

Para que se tenha um estudo bem-sucedido, serão adotados os princípios da APQC que fornecem base para a ética do **benchmarking: reciprocidade, analogia, medição e validade.**[1]

3.4.1 – Reciprocidade

A chave para um *benchmarking* bem-sucedido é o princípio da reciprocidade. *Benchmarking* é uma prática baseada em relações recíprocas, refletida no dito popular "criar uma situação ganha-ganha". Todos os participantes são vencedores como resultado da informação compartilhada e trocada entre as empresas. No entanto, a reciprocidade não ocorre às cegas. Os limites de informação e as trocas de dados devem ser negociados de antemão com as considerações logísticas da realização do estudo. Cada parceiro de *benchmarking* deve ter garantias sobre as intenções do outro. Um "ganha-ganha" não ocorrerá se houver receio de intromissão ou apropriação indevida, como pode ocorrer quando os objetivos de *benchmarking* não são definidos com clareza. Criar uma situação "ganha-perde" ou "perde-perde", a despeito da intenção, é um reflexo de quão bem cada um participa no jogo. Ao buscar um parceiro de *benchmarking*, uma empresa sempre deveria considerar que qualquer motivação para participar do estudo será precipitada pela seguinte percepção, em geral silenciosa, da outra empresa: o que vamos ganhar com este projeto? Uma empresa deve conseguir entregar o que foi negociado e acordado de antemão (Watson, 1994, p. 53).

3.4.2 – Analogia

Os processos operacionais são semelhantes ou análogos se podem alcançar os maiores níveis de transferência de conhecimento entre os parceiros de *benchmarking*. Qualquer processo de trabalho de qualquer empresa pode ser avaliado, desde que a equipe que realiza o estudo seja capaz de reproduzir o contexto cultural, estrutural e empresarial da outra empresa em seu próprio contexto. Em resumo, quando as equipes voltam para suas próprias empresas, devem conseguir demonstrar como adaptar e implementar as lições aprendidas. A realização dessa analogia e a compreensão dos critérios explícitos para a escolha de parceiros de *benchmarking* acabarão, enfim, determinando o sucesso

---

1. (APQC, www exinfm.com)

de uma empresa na descoberta de oportunidades de aperfeiçoamento do processo empresarial (Watson, 1994, p. 54).

3.4.3 – Medição

Benchmarking é uma comparação de desempenho de medição entre duas empresas; o objetivo é compreender por que existem os vários graus de desempenho e como o maior grau de desempenho foi obtido. O porquê e o como do desempenho de processo são denominados capacitadores de processo. Em outras palavras, identificar os aspectos-chave específicos de um processo que conduz ao melhor desempenho é equivalente a tentar compreender como todo um processo se encaixa. A medição e a observação cuidadosa de processos análogos acabam capacitando as empresas a adaptarem capacitadores de processo identificados a seus próprios processos.

Os sistemas de medição e as ferramentas utilizadas em análise de processo dependem dos fatores que estão sendo medidos. Cada parceiro de *benchmarking* deveria utilizar os mesmos sistemas e ferramentas para a análise de processo. Aqui, mais uma vez, o conhecimento de uma experiência com aplicação de ferramentas básicas de qualidade é essencial.

Um sistema de medição nesse contexto refere-se à extensão da origem de medição. Esta inclui medições básicas e medições monitoradas no decorrer do tempo, assim como uma descrição de variáveis controladas e uma indicação de qualquer variável não controlada existente. Quando se interpretam dados e resultados medidos, é importante permanecer no contexto do processo estabelecido. Uma tendência de buscar apenas "o bom" pode resultar em uma omissão ou ocultar limitações, sobretudo quando o contexto é ignorado. Isso ocorre com maior freqüência quando o escopo do contexto de medição ou é limitado ou amplo demais. Um olho clínico torna-se necessário para a localização de capacitadores ou resultados de desempenho "falsos". Todavia, fazer as seguintes perguntas pode ajudar a esclarecer essa questão:

- Qual a extensão de tempo em relação ao qual o processo foi medido?
- Houve alguma mudança no sistema de medição, tais como as ferramentas de medida utilizadas?
- Quanto do sistema de medição depende de observação ou correlações humanas *versus* análise de dados verdadeira?
- Como essas correlações são comprovadas?

- Com que freqüência ou em que intervalos as medições foram feitas?
- Qual é a imagem de erro estimada?
- Todas as variáveis controladas são consideradas?
- Há alguma variável não controlada? Foram feitos ajustes para elas?
- As medições são verificáveis, sujeitas a auditoria ou podem ser repetidas?

As equipes de *benchmarking* experientes reconhecem muitas vezes que é necessário fazer estimativas de desempenho, porém são inicialmente direcionadas por um desejo de estimar desempenho usando os melhores dados disponíveis e derivando qualquer dado "ausente", sempre que possível, de outras fontes de dados, utilizando práticas aceitas (Watson, 1994, p. 55).

3.4.4 – Validade

A maioria das empresas dispostas a formar parceria em *benchmarking* não tem nenhum problema em compartilhar suas próprias medidas ou estimular os parceiros a medirem uma amostra representativa de seu processo por meio da inspeção e da observação. Para garantir representação exata, medições de amostra, medidas de ocorrência no decorrer do tempo ou lugar, precisam corresponder ao sistema de medições utilizado. Uma razão para uma empresa desejar concluir sua própria medida de amostra é verificar a confiabilidade. Como a confiabilidade pode ser validada, a validação de medição de processo deveria ser um objetivo para todos os autores de processo.

Com o objetivo de observar e correlacionar capacitadores de processo, práticas específicas que causaram um melhor desempenho, e as medidas de desempenho, deve-se coletar fatos e dados válidos e utilizá-los para comparações de processo. Sem esse cuidado, pode-se chegar a conclusões falaciosas. Depender de intuição, opinião ou suposição só leva a "chutes" que não podem garantir validade nem confiabilidade. Com risco de incorrer no exagero, esses dois fatores são essenciais para um processo eficaz. Um processo de *benchmarking* deve seguir uma abordagem de "gerenciamento por fato", voltado para dados do processo empresarial, em vez de uma abordagem de "administração pelo cheiro", baseada na intuição (Comentários de Kano Noriaki na 1989 GOAL/QPC *Conference*). Nesse ponto, de acordo com Noriaki Kano, do *Union of Japanese Scientists and Engineers* (Juse), uma equipe deve aprender a "transpirar" a fim de alcançar qualidade. O problema de muitas empresas é ser 90% inspiração e só 10% transpiração, quando se trata de pôr em prática as ferramentas para realizar análise de problema com causa já enraizada utilizando dados de medições de processo. Uma característica de empresas mais experientes na execução de qualidade é a propensão natural para a tomada de decisão e resolução de problemas voltada para a análise de dados (Watson, 1994, p. 57).

3.5 – O Código de Conduta de *Benchmarking*

Este código de comportamento foi desenvolvido em conjunto com a *American Productivity & Quality Center's International Benchmarking Clearinghouse* (APQC IBC) e pelo *Strategic Planning Institute* (SPI) *Council on Benchmarking* (1999, p. 2). Ele resume o protocolo de *benchmarking*, o conjunto de convenções que prescrevem condutas e procedimentos corretos a serem utilizados na realização de estudos nessa área. O Código de Conduta de *Benchmarking* tem sido subscrito por membros do APQC IBS e adotado pelos membros do SPI *Council on Benchmarking*. Apresenta uma boa definição dos esforços colaboradores que marcam as interações comportamentais entre parceiros de *benchmarking* (APQC, 1999, p. 2-10).

3.5.1 – Princípio da Legalidade

Essencialmente, este princípio lida com a restrição de qualquer análise ou ação que possa implicar limitação de acordos de negócios, de mercado e de localização de clientes, fixação de preços, arranjos de negociação, manipulação de oferta e suborno, aquisição de segredos empresariais ou divulgação de informação dos parceiros. Antes de essa informação poder ser compartilhada, os consultores legais podem solicitar que suas empresas realizem acordos de não-divulgação antes do estudo. De modo resumido e simples, esse princípio equivale a: em caso de dúvida não faça; se tiver alguma questão, consulte um advogado.

Se houver qualquer questão em potencial sobre a legalidade de uma atividade, não a faça.

Evite discussões ou ações que possam implicar restrição do comércio, do mercado e/ou de esquemas de locação de cliente, fixação de preço, formas de negócios, manipulação de concorrência ou suborno. Não discuta custos com os concorrentes se os custos forem um elemento de preço.

Evite a aquisição de segredos comerciais de quaisquer meios que possam ser interpretados como impróprios, incluindo violação ou indução de uma violação de qualquer regra de sigilo. Não revele nem use nenhum segredo comercial que possa ter sido obtido por meio de meios impróprios ou que tenha sido revelado por outro em violação da regra de sigilo ou limite de uso.

Se for consultor ou cliente, não estenda as constatações de um estudo de *benchmarking* a outra empresa sem primeiro obter permissão das partes do primeiro estudo.

3.5.2 – Princípio da Troca

No *benchmarking* cada organização concebe um método de melhorar o processo como resultado de sua interação. A necessidade real é ter certeza de que cada empresa obtém algo de valor do investimento de seu tempo no estudo. A regra de ouro aplica-se aqui: nunca peça nenhum tipo de informação ou dados que sua própria empresa relutaria em compartilhar com outra. As equipes de *benchmarking* da empresa Xerox afirmam explicitamente que não desejam que seus parceiros compartilhem informações que estes considerem intransferíveis. Para aliviar preocupações quanto a intercâmbios eqüitativos, é importante não só esclarecer expectativas e objetivos como também estabelecer de antemão parâmetros de informação, antes de se envolver em qualquer atividade de *benchmarking*. Comunicação completa, aberta e honesta nas fases iniciais do estabelecimento de relações de *benchmarking* pode ajudar cada parceiro a compreender o valor da troca a ser feita. A troca pode ser tão simples quanto receber uma cópia do relatório de viagem que documenta as observações que a equipe de *benchmarking* fez do processo na empresa do parceiro, ou cópia do relatório final com informações "encobertas" sobre outros participantes para impedir revelação inadvertida de informações. A troca também pode ser um acordo para realizar um estudo de *benchmarking* recíproco que tenha maior relevância para a empresa do parceiro.

Podemos estabelecer três importantes aspectos que sempre devem ser considerados no relacionamento empresarial do benchmarking:

- Esteja disposto a fornecer a seu parceiro de *benchmarking* o mesmo tipo e nível de informações que solicita dele.

- Comunique-se total e previamente no relacionamento para esclarecer expectativas, evitar interpretações errôneas e estabelecer interesse mútuo no intercâmbio de *benchmarking*.
- Seja honesto e completo.

3.5.3 – Princípio da Confidencialidade

Trate toda informação ganha de qualquer parceiro de *benchmarking* como patenteada e confidencial. Jamais revele a outra empresa o que aprendeu de um parceiro de *benchmarking* sem a permissão expressa desse parceiro. As constatações do estudo não deveriam ser estendidas a outra empresa sem o acordo de antemão do parceiro deste projeto. .

3.5.4 – Princípio de Uso

A informação obtida de qualquer estudo de *benchmarking* tem como único propósito melhorar os processos operacionais dentro de uma empresa. Jamais utilize o *benchmarking* como meio de propaganda, marketing ou vendas.

3.5.5 – Princípio do Primeiro Contato

Sempre inicie contatos de *benchmarking* com os proprietários de processos do parceiro por meio de contato de *benchmarking* designado na empresa específica. Se você desconhece essa designação ou pessoa, tente entrar em contato com o gerente de qualidade ou de recursos humanos para obter ajuda. A jurisdição mais apropriada para fazer contatos é a que respeita a cultura corporativa da outra empresa. Sempre obtenha acordo com o contato de *benchmarking* considerando qualquer comunicação sem intervenção e cumprimento da responsabilidade entre os participantes da equipe de *benchmarking*.

3.5.6 – Princípio da Terceira Parte

Não compartilhe com outras empresas que solicitam contatos os nomes dos participantes da equipe de *benchmarking* sem conseguir com essas pessoas, assim como com a pessoa de contato, autorização para um início de projeto.

3.5.7 – Princípio da Preparação

Demonstre empenho para a eficiência e eficácia de *benchmarking* realizando trabalho preparatório antes de fazer um contato inicial nesse sentido e seguir um processo de *benchmarking*.

Obtenha o máximo do tempo de seu parceiro de *benchmarking*, estando totalmente preparado para cada intercâmbio. Ajude seus parceiros de *benchmarking* a se prepararem, dando-lhes um guia de entrevista ou questionário e agenda antes das visitas de *benchmarking*.

3.5.8 – Princípio da Conclusão

Não assuma nenhum compromisso com o parceiro se não tiver certeza de que conseguirá prosseguir de maneira oportuna e propícia. Certifique-se de que a conclusão de qualquer estudo de *benchmarking* tenha atingido uma conclusão satisfatória e conveniente para todas as partes.

3.5.9 – Princípio da Compreensão e da Ação

O código de conduta de *benchmarking* não se destina, contudo, a ser substituto para o conselho legal sempre que houver dúvidas quanto à propriedade de compartilhar informações entre empresas. Na verdade, pelo seu desenvolvimento histórico, indústrias diferentes são muito mais suscetíveis a interesses sobre compartilhamento de informações e violações antitruste do que outras. Grande parte da indústria americana ainda é tolhida por legislação antitruste anterior, como o Sherman Act de 1890, o Clayton Act de 1914, o Federal Trade Commission Act de 1914 e o Robinson-Patman Act de 1936. Esses Atos, escritos há gerações, em um ambiente empresarial diferente, destinavam-se a proteger transações comerciais e o comércio de limitações ilegais, discriminação de preço, fixação de preços e monopólios. No mercado global atual, eles incapacitam discussões entre muitas empresas americanas que devem competir contra organizações internacionais e multinacionais não restringidas por essas leis. Se essas leis fossem aplicadas no Japão, por exemplo, como ocorre nos Estados Unidos, sua existência continuada seria de valor. Como esse não é o caso, as leis dessa natureza vêm se provando cada vez mais antiquadas e refletem a antítese da produtividade e do progresso de qualidade americana. À medida que a empresa se move mais para um modelo comparativo e diferença com maior nitidez seu enfoque competitivo, a necessidade para maior diálogo e questões comuns torna-se mais forte. A competitividade nacional só pode ser conseguida quando as empresas de uma nação são livres para discutir suas questões comuns sem medo de represálias de seus governos.

3.6 – Como Iniciar o *Benchmarking*

No livro *Benchmarking Estratégico,* Watson cita a empresa Weyerhauser, que conta com a experiência de Ken Karch, líder da implementação do *benchmarking*. Watson recomenda a seguinte abordagem, publicada pela *APQC Benchmarking Week'92* (1994, p. 213): fornecer liderança à equipe da alta administração para comunicar seu apoio e fornecer recursos ao estudo piloto; então envolver gerentes em um projeto próprio de *benchmarking*, requerendo que estudem ativamente o planejamento estratégico ou a abordagem comportamental de um gerente sênior que admirem. A maneira mais segura de obter apoio administrativo em longo prazo é tornar os gerentes altamente envolvidos em *benchmarking*.

É importante despertar a consciência da responsabilidade de cada indivíduo em considerar cada experiência de aprendizado como estímulo em potencial para a mudança organizacional.

"Adotar uma nova filosofia". Esse modelo, segundo Deming, significa adotar a filosofia de aprendizado e melhorias contínuas. As organizações precisam eliminar qualquer síndrome de "não inventado aqui" que possa existir, livrando-se das seguintes atitudes ou desculpas:

- "Não podemos aprender nada com os outros."
- "Somos tão bons quanto o que se pode obter."
- "Não há ninguém extraordinário nesta área."
- "Nosso trabalho é diferente; não pode ser medido em comparação ao de outros."

Um executivo sênior de uma empresa da *Fortune 500*, discutindo por que a empresa não entrara em um estudo de *benchmarking* para desenvolvimento de tempo para introdução no mercado de novos produtos, resumiu todas as desculpas citadas em uma frase sucinta: "Não queremos contaminar nosso desempenho aprendendo como empresas medíocres desenvolvem produtos". Toda empresa tem algo a aprender e poucas delas dão a seus acionistas o retorno em longo prazo que eles gostariam de ter nos investimentos (Leo, 1997, p. 76).

Forme uma comissão executiva da direção encarregada de criar e monitorar um plano para implementar o *benchmarking*. O papel da comissão de direção é estimular a integração de dados de *benchmarking* no planejamento estratégico, facilitando o estabelecimento de medidas comuns de desempenho. Os membros da comissão devem ser treinados em *benchmarking* e precisam se entusiasmar a respeito de seu envolvimento; assim, estarão promovendo seu valor para toda a organização.

Criar uma estrutura de apoio ou um programa de *benchmarking* em longo prazo inclui: treinamento do método para as equipes; veículos para comunicar estudos em andamento e relatar os resultados; acesso a bibliotecas e serviços de informações; além de capacitadores internos para facilitar o trabalho das equipes. Esses serviços de apoio podem ser comprados por contrato para um estudo piloto; contudo, um esforço de *benchmarking* em longo prazo requererá recursos dedicados.

Encontrar um ou mais pioneiros dispostos a tentar um estudo e apoiá-los por meio do departamento da qualidade. Devem ser estimulados pela cúpula da organização a dar andamento ao estudo, e os resultados devem ser comunicados para estimular outros que também tenham necessidade de *benchmarking*. As atividades de equipes pioneiras devem ser previstas como mudança de paradigma rumo à organização de aprendizado.

Educar pessoas na prática de *benchmarking* e incorporá-lo no treinamento de competência de qualidade.

Comunicar , por meio de boletins e publicações internas da empresa, o conceito e aplicações de *benchmarking*.

Encontrar e utilizar histórias de sucesso tanto dentro quanto fora da companhia.

Tornar o *benchmarking* parte do processo de planejamento. Incluí-lo em planos empresariais estratégicos como meio para estabelecimento de metas. Para isso, uma empresa deve ter um processo confiável que obtenha tanto medidas exatas de desempenho quanto boa definição de capacitadores de desempenho.

Reconhecer e recompensar esforços bem-sucedidos de *benchmarking*; utilizar uma conferência interna ou "dias de *benchmarking*" para localizar práticas de equipes isoladas. O reconhecimento público pela administração é um importante fator em seu esforço como atividade desejada. Como exemplos de reconhecimento podemos citar o envio de equipes para conferências, ou a inscrição no concurso do APQC para o prêmio de benchmarking.

Segundo Watson (1994, p. 76), uma vez que uma empresa resolva começar um projeto de *benchmarking*, deve seguir uma abordagem genérica, testada no tempo, para implementação. Essa abordagem tem início no nível de cúpula da empresa com uma apresentação de uma visão geral executiva de *benchmarking* para a equipe gerencial, a fim de obter apoio para o projeto piloto. Essa apresentação, que determina expectativas corporativas e estabelece consciência de nível de cúpula do estudo piloto, ajudará a equipe gerencial a compreender o significado dos resultados quando o projeto concluído for relatado e as recomendações para mudanças forem feitas. Um resultado dessa apresentação será a identificação do assunto do estudo piloto pela equipe gerencial. Em virtude dessa responsabilidade, a equipe "comprará" o valor da metodologia. Além disso, a equipe gerencial deve analisar o esboço do projeto e aprovar os parceiros em potencial para o estudo. Nada esvaziará mais depressa um estudo do que um gerente sênior que "não respeite" o parceiro de *benchmarking* e, portanto, não esteja disposto a aprender por meio do exemplo do parceiro.

A experiência facilita o sucesso. É importante selecionar uma pessoa experiente em *benchmarking* para facilitar o primeiro projeto ou um projeto interno menos visível ou um consultor externo. Contudo, se for contratado um consultor externo, seu papel deve ser o de permitir que a equipe aprenda como realizar o estudo para que ocorra transferência de conhecimento e multiplicação do aprendizado. Sem o consultor, a organização pode se tornar autoconfiante para outros estudos de *benchmarking*.

É especialmente essencial que um primeiro projeto siga um processo rigoroso de *benchmarking*. A Xerox utiliza um modelo de experiência de aprendizado denominado LUTI (*Learn, Use, Traim, Inspect* – Aprender, Usar, Treinar e Inspecionar), para implementação de mudança. Esse modelo, semelhante ao PDCA (Planejar, Desenvolver, Checar e Agir), desenvolvido por Deming, ajuda a ressaltar a necessidade de aprendizado com experiência, a fim de estabelecer entendimento verdadeiro das melhorias de processos (Silva, 2001, p. 455).

Por meio da abordagem LUTI, a administração seria treinada, desenvolveria experiências, participando em seu próprio projeto de *benchmarking*, participaria no treinamento ou instrução de outros no método e, enfim, inspecionaria uso desse método como parte da análise de melhorias de processos e operações empresariais. A abordagem LUTI da empresa Xerox para mudar a implementação de projetos específicos de melhoria em seu desempenho operacional ressalta a necessidade de envolvimento contínuo da alta administração no processo. Depois de receber tanto relatórios intermediários quanto finais do avanço e resultados do estudo, a alta administração deveria agir com base nesses resultados, fornecendo recursos para implementar a mudança recomendada. Uma vez que a equipe tenha concluído o trabalho, a gerência deve garantir a facilidade da mudança recomendada e monitorar seu progresso para garantir o alcance dos resultados projetados. O papel final da administração, quando se observa sucesso no estudo piloto, é estabelecer requisitos de acompanhamento do projeto de *benchmarking* para que sejam abordadas outras "questões estratégicas" que necessitem de melhorias. Isso ajudará a tornar o *benchmarking* uma parte natural do processo de planejamento da empresa.

3.7 – O Processo de *Benchmarking* – Abordagens de Vários Autores

Há vários processos de *benchmarking* relacionados por diferentes autores e empresas, mas, apesar das diferentes formatações de processos, é necessário seguir com rigor um modelo escolhido, por meio de uma abordagem íntegra, sistemática e com parâmetros para concluir o estudo do *benchmarking*.

Segue-se na Tabela 3.3 um *checklist* da introdução do processo de *benchmarking*, segundo Watson:

Tabela 3.3 – Introdução do processo de *Benchmarking*.

PLANEJAR	❑ Qual é o nosso processo? ❑ Como nosso processo funciona? ❑ Como nós o medimos (mensuramos)? ❑ Como vai nosso desempenho hoje? ❑ Quem são nossos clientes? ❑ Quais produtos e serviços entregamos para nossos clientes? ❑ O que nossos clientes esperam ou exigem dos nossos produtos e serviços? ❑ Qual é nossa meta de desempenho? ❑ Como nós verificamos essa meta? ❑ Como nossos produtos e serviços atuam em comparação aos dos nossos concorrentes?
DESENVOLVER	❑ Quais empresas desempenham esse processo melhor? ❑ Qual empresa é a melhor no desempenho desse processo? ❑ O que podemos aprender desta empresa? ❑ Quem deveríamos contatar para determinar se eles estão dispostos a participar do nosso estudo?
CHECAR	❑ Qual é o processo dele? ❑ Qual é o desempenho da meta? ❑ Como eles desempenham seu processo? ❑ Como eles medem o desempenho de processos? ❑ Quais fatores poderiam inibir a adaptação dos processos na nossa empresa?
ANALISAR	❑ Qual é a natureza do *gap* de desempenho? ❑ Qual é a magnitude do *gap* de desempenho? ❑ Quais características que podem mostrar superioridade nos processos deles? ❑ Quais atividades dentro do nosso processo são candidatas à mudança?
ADAPTAR	❑ Como o conhecimento do produto deles nos permite melhorar nossos processos? ❑ Deveríamos redefinir nossa medida de desempenho ou nosso *gap* de desempenho com base nesse *benchmark*? ❑ Qual atividade dentro dos processos deles necessitaria ser modificada para adaptar nosso ambiente de negócios?
MELHORAR	❑ O que nós aprendemos durante o estudo de *benchmarking* que nos permitiu melhorar? ❑ Como poderemos implantar essa mudança no nosso processo?

Fonte: WATSON, The *benchmarking workbook; adapting best pratices for performance improvement*, 1992, p. 25.

Deve-se ressaltar que, de acordo com a proposta de Watson (1994, p. 275), o termo *gap* significa uma lacuna de *benchmarking* ou, mais precisamente, uma diferença de desempenho identificada por meio de uma comparação entre o *benchmark* para uma atividade específica e atividades de outras empresas; a vantagem da medida da liderança da organização de *benchmark* em relação a outras organizações.

Encontra-se no guia Padrões Referenciais de Mercado (PRM) da empresa Xerox a seguinte seqüência para o processo de *benchmarking* (Camp, 1996, p. 34):

- Identificar o assunto do PRM.
- Identificar os parceiros do PRM.
- Determinar o método de coleta de dados (coletar).
- Determinar a defasagem atual.
- Projetar o desempenho futuro.
- Comunicar descobertas e obter aceitação.
- Estabelecer plano de ação.
- Implementar plano e monitorar processo.
- Reavaliar o PRM.

Kotler (2000, p. 249) divide o processo de *benchmarking* em sete etapas:

- determinação das funções às quais deve ser aplicado o *benchmarking*;
- identificação das principais variáveis de desempenho a serem avaliadas;
- identificação das melhores empresas nos quesitos avaliados;
- avaliação do desempenho das melhores empresas nos quesitos avaliados;
- mensuração do desempenho da empresa em questão;
- descrição de programas e ações para preencher;
- implementação e monitoramento dos resultados.

Para Boxwell (1996, p. 93), o processo de *benchmarking* ocorre em oito etapas:

- **Planejamento:** Determinar atividades-alvo
  Determinar fatores-chave a serem medidos
  Determinar empresas com práticas mais avançadas
- **Execução:** Medir o próprio desempenho
  Medir desempenho

▶ **Implementação:** Desenvolver plano para atingir e ultrapassar ou melhorar a liderança
Obter compromisso da alta direção e dos empregados
Implementar o plano e monitorar os resultados

O autor Gerald Balm (1996, p. 89) divide o processo em pré e pós-*benchmarking*, conforme explicitado a seguir:

▶ **Auto-avaliação:** Definir clientes
(Gerenciamento do Processo)
Definir medições adequadas
Revisar/aperfeiçoar as definições

▶ **Pré-*benchmarking*:** Estabelecer o nível da coleta de dados
(Preparação)
Escolher os parceiros
Priorizar e selecionar o que será submetido ao *benchmarking*

▶ **Benchmarking:** Coletar dados e organizá-los
(Execução)
Calcular lacunas a partir da linha de referência
Estimar futuros níveis de realização alcançáveis

▶ **Pós-*benchmarking*:** Implementar ações e garantir sucesso
(Gerenciamento de Projeto)
Estabelecer metas e planos de ação
Apresentar os resultados de *benchmarking*

▶ **Revisão/Ajustes:** Revisar ininterruptamente a integração
(Avaliação do Processo)
de *benchmarking*
Avaliar o processo de direção das metas
Reajustar as metas e retornar ao Passo um.

Na Figura 3.3 a seguir, serão mostrados os passos do processo de *benchmarking* segundo Camp (1995, p. 14-17). O processo de *benchmarking* consiste em cinco fases:

Fonte: CAMP, R., *Benchmarking o caminho da qualidade total*, 1995, p. 16.

Figura 3.3 –Passos do processo de *benchmarking*.

◆ Planejamento

O objetivo desta fase é planejar as investigações de *benchmarking*. Os passos essenciais são aqueles de qualquer desenvolvimento de um plano: o quê, quem e como.

O que deve ser utilizado como marco de referência? Toda função de uma empresa tem ou entrega um produto. O produto é o resultado do processo empresarial da função, seja ele um bem físico, um pedido, uma remessa, uma fatura, um serviço ou um relatório. O *benchmarking* é apropriado para estes e todos os outros resultados. Portanto, primeiro é preciso determinar os produtos.

Com quem ou o que vamos comparar? Existem concorrentes diretos em produtos, os quais são certamente os melhores candidatos a marcos de referência, mas isso não é suficiente. O *benchmarking* precisa ser conduzido em relação a empresas e funções líderes, onde quer que existam. *Como serão coletados os dados?* Não existe uma maneira de conduzir investigações de *benchmarking*, e sim um processo. Há infinitas maneiras de obter os dados necessários e a maior parte delas está pronta e publicamente disponível. É preciso certo grau de curiosidade e engenho, mas uma combinação de métodos que melhor atenda às necessidades do estudo, com muita freqüência, é produtiva. As fontes de informações são limitadas somente pela imaginação das pessoas.

O importante é reconhecer que o *benchmarking* é um processo não só para obter metas métricas quantificáveis, mas também, e mais importante, para investigar e documentar as melhores práticas da indústria, as quais permitirão que essas metas sejam atingidas. Um estudo de *benchmarking* deve concentrar-se em práticas e métodos. .

Depois de determinar o quê, como e quem deve ser marco de referência, é preciso efetuar a coleta e análise dos dados.

A fase de análise deve envolver uma cuidadosa compreensão das práticas correntes nos processos, bem como das práticas dos parceiros. Afinal, o processo de *benchmarking* é uma análise comparativa. Aquilo que se deseja é uma compreensão do desempenho interno, com a qual se possa avaliar as forças e fraquezas. Os parceiros de *benchmarking* são os melhores? Por quê? Quanto? Quais das melhores práticas já estão em uso ou previstas? Como as práticas deles podem ser incorporadas ou adaptadas para a implementação?

As respostas a essas perguntas serão as dimensões de qualquer lacuna de desempenho: negativa, positiva ou paridade. A lacuna provê uma base objetiva sobre a qual se possa agir – para reduzi-la ou dela tirar proveito, caso seja positiva. Entretanto, lacuna é uma projeção de desempenho e, portanto, poderá mudar com as práticas da indústria. É preciso ter não só a compreensão das práticas atuais, mas também de qual será o desempenho no futuro. É importante que o *benchmarking* seja um processo permanente, para que o desempenho seja constantemente recalibrado para garantir a superioridade.

◆ **Integração**

Integração é o processo que utiliza as descobertas do *benchmarking* para fixar as metas operacionais das mudanças. Ela envolve um planejamento cuidadoso para incorporar novas práticas à operação e assegurar que as descobertas sejam incorporadas a todos os processos formais de planejamento.

O primeiro passo é obter aceitação operacional e gerencial para as descobertas do *benchmarking*. É preciso demonstrar, de maneira clara e convincente, que elas são corretas e se baseiam em dados concretos. A credibilidade pode ser apoiada pela obtenção de dados e informações de diversas fontes para apoiar as descobertas. Com base nessas descobertas, os planos de ações poderão ser desenvolvidos.

As descobertas do *benchmarking* precisam ser comunicadas a todos os níveis da organização para obter apoio, comprometimento e senso de propriedade. Esse passo essencial pode normalmente ser realizado por meio de uma variedade de abordagens de comunicação. A chave para o processo será a conversão das descobertas do *benchmarking* em uma declaração de princípios operacionais aos quais a organização pode se obrigar e pelos quais serão julgadas as ações para a mudança. Esses princípios informam a organização de que existem regras pelas quais ela vai se aperfeiçoar para satisfazer as necessidades dos clientes e finalmente atingir a superioridade.

◆ Ação

As descobertas do *benchmarking* e os princípios nelas baseados devem ser convertidos em ações específicas de implementação. Além disso, é preciso que haja medições e avaliações de realizações periódicas. As pessoas que de fato executam as tarefas do trabalho são as mais capacitadas para determinar como as descobertas podem ser incorporadas ao progresso. Seus talentos criativos devem ser empregados para esse passo essencial.

Qualquer plano de mudança também deve conter marcos para a atualização dos próprios pontos de referência, uma vez que as práticas externas estão mudando constantemente. Portanto, devem ser previstas recalibrações. Também é necessário um mecanismo permanente de comunicação. Os progressos em direção aos pontos de referência devem ser reportados a todos os funcionários. Esse *feedback* é especialmente necessário para aqueles que auxiliam na implementação, pois eles vão querer saber como estão indo.

◆ Maturidade

A maturidade será alcançada quando as melhores práticas da indústria estiverem incorporadas a todos os processos da empresa, assegurando, assim, a superioridade. Esta pode ser testada de várias maneiras. Em alguns casos, os serviços são vendidos a clientes externos depois de servir ao cliente interno. Essa será uma forte confirmação de um ponto de referência. É desnecessário dizer que, se outras empresas fazem o *benchmarking* das suas operações internas, isso também é uma prova da maturidade desse processo.

A maturidade é alcançada quando o *benchmarking* se torna uma faceta permanente, essencial e autodesencadeada do processo gerencial. Ele se torna institucionalizado. É feito em todos os níveis apropriados da organização e não apenas por especialistas. Embora possam existir especialistas bem informados para serem consultados a respeito das abordagens mais produtivas ao *benchmarking*, somente quando o foco sobre as práticas externas passa a ser uma responsabilidade de toda a organização é o que o *benchmarking* atinge seus objetivos de assegurar a superioridade por meio da incorporação das melhores práticas da indústria.

3.8 – Passos para o Modelo do Processo de *Benchmarking* de Acordo com o APQC

A conclusão esmagadora do estudo do APQC foi que um projeto de *benchmarking* bem-sucedido precisa seguir um modelo rigoroso de processo a fim de fornecer uma abordagem integrada, sistemática e medida para concluir um estudo de *benchmarking*. Como a maioria dos autores segue essencialmente os mesmos passos, cabe à empresa não perder muito tempo criando novos modelos, e sim empenhar esforços no projeto de *benchmarking* em si. Tem-se a seguir um modelo adequado, segundo a APQC, que supre as necessidades de implementação do processo, em quatro passos (APQC, 1999, p. 3-8):

Passo 1 – Planejamento

O processo de planejamento é introspectivo e requer, portanto, grande esforço para alcançar a objetividade. O resultado é o que capacita uma empresa a avaliar a direção para o subseqüente enfoque externo.

Há três fases nesse passo de planejamento no modelo de processo de *benchmarking*:

- A empresa deve identificar sua intenção estratégica, competências principais, mapas de capacidade, processos empresariais-chave e fatores críticos de sucesso. Essa fase aplica a descoberta de desempenho de processo e aprendizado externo e pode fornecer um "toque de despertar" para a equipe administrativa.
- O processo particular a ser *benchmarked* deve ser documentado e caracterizado, a fim de determinar sua capacidade inerente. Nesta fase são aplicadas ferramentas básicas de qualidade para a análise do processo organizacional.
- Os requisitos devem ser estabelecidos para a seleção de parceiros de *benchmarking*, dado o objetivo de *benchmarking*, ou para a caracterização do grau de relevância que qualquer empresa específica pode ter como parceiro em potencial de *benchmarking*.

Passo 2 – Coleta de Dados Necessários

O segundo passo do modelo de processo de *benchmarking*, o qual se concentra na coleta de dados, contém três fases: coleta interna de dados (aplicação de ferramentas de qualidade), pesquisa secundária e pesquisa interna primária/coleta de dados (que utiliza a mesma abordagem relativa à coleta interna de dados). A primeira e a terceira fase são quase idênticas. Consistem na resposta às questões: "Como nós o fazemos?" e "Como eles o fazem?". O mesmo grau de detalhe de processo é coletado para os próprios processos da empresa e para os processos do parceiro, utilizando-se a mesma abordagem e medições de coleta de dados.

Na segunda fase do passo de coleta de dados, realiza-se a pesquisa secundária, que é a prática de busca de informações sobre um assunto específico por meio de fontes indiretas. Evita esforço desnecessário da equipe, concentrando-se nas interações face a face nas áreas onde a informação é nova e ainda não foi revelada publicamente. Pode fornecer à empresa informações de *background* e revelações públicas do conhecimento de processo, bem como estabelece uma perspectiva externa da "excelência de processo" de parceiros em potencial de *benchmarking*. Fornece também perspectivas históricas para o estudo de *benchmarking*, além de ajudar a desenvolver um padrão independente para comparação do avanço dos parceiros em potencial de *benchmarking* no aperfeiçoamento do processo em relação ao tempo.

Passo 3 – Análise

O passo de análise do modelo de processo de *benchmarking* consiste em cinco fases: análise de dados, apresentação de dados, análise de causa raiz, projeção de resultados e identificação de capacitador. A meta desse passo é identificar capacitadores de processo adaptáveis que sejam candidatos à implementação.

São utilizadas medidas de processos para identificar – pela magnitude da lacuna de desempenho relativo entre a própria empresa e o líder de processo – qual dos processos ou atividades de processo específicas serve como capacitador de desempenho e, portanto, deve ser mais investigado. (Essa fase do processo de *benchmarking* segue os métodos analíticos utilizados em *The Benchmarking Workbook: Adapting Best Pratice for Performance Improvement*, sendo uma extensão dos métodos básicos de análise utilizados na resolução de problema.) Essa abordagem, que consiste em uma aplicação passo a passo de ferramentas analíticas para separar e avaliar os dados coletados, tem sido um tópico freqüente em livros de qualidade, sendo bem documentada em muitas fontes disponíveis. A seqüência lógica das atividades envolvidas será analisada após o processo de análise.

As atividades que devem ser levadas em conta para uma ordenação correta do planejamento são:

- Organizar e apresentar graficamente os dados para a identificação de *gaps* de desempenho.
- Normalizar desempenho em relação a uma base de medida comum.
- Comparar desempenho atual em relação a *benchmark*.
- Identificar *gaps* de desempenho e determinar suas causas raiz.
- Projetar o desempenho três a cinco anos no futuro.
- Desenvolver estudos de caso de "melhores práticas".
- Isolar capacitadores de processo que se correlacionam.
- Aperfeiçoar o processo.
- Avaliar a natureza dos capacitadores de processo a fim de determinar sua adaptabilidade em relação à cultura da empresa.

Um resumo é apresentado na Figura 3.4 a seguir:

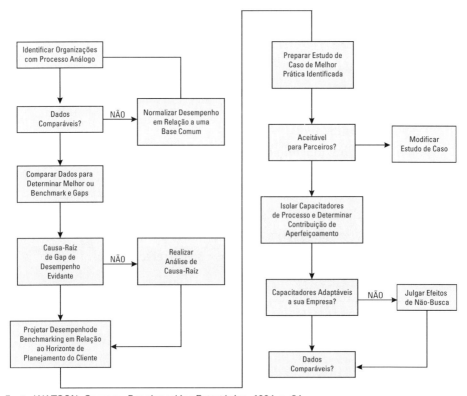

Fonte: WATSON, Gregory, Benchmarking Estratégico, 1994, p. 84.

Figura 3.4 – Análise de fluxograma para coleta de dados.

Passo 4 – Ação

O passo final do processo de *benchmarking* fornece a tendência para a ação que atualiza *benchmarking* com um processo gerencial de mudança estratégica. O objetivo desse passo é conduzir aperfeiçoamentos selecionados na organização aplicando o conhecimento aprendido durante o estudo de *benchmarking*. O passo pode ser dividido nas seguintes fases: seleção de projetos de aperfeiçoamento, estabelecimento de metas para aperfeiçoamento, desenvolvimento de planos de ação, aprovação de planos de ação, implementação de planos de ação, reconhecimento de contribuições individuais e em equipe, além de monitoração de requisitos de *benchmarking*.

Nesse passo final do modelo de *benchmarking*, o esforço de estudo é convertido em "ação para aperfeiçoamento de processo empresarial". A negligência em agir tornará o estudo inútil, servindo apenas como exercício acadêmico. Só por meio da seleção adequada de metas e da implementação derá tudo o que for necessário para atingir as metas determinadas, é que uma empresa pode ser estimulada em relação à mudança.

Ter a habilidade de estabelecer os tipos de metas que desafiam a realidade em uma organização oferece uma oportunidade para aperfeiçoamento. Na verdade, esses tipos de metas, com freqüência, são determinados por *benchmarks* existentes ou quando outros são estabelecidos. Pode-se usar *benchmarks* para designar a direção e a magnitude de uma meta, além da prioridade relativa para alocação de recursos diante de vários processos que precisam de aperfeiçoamento. Portanto, as metas devem se basear nos dados factuais do melhor desempenho observado durante o estudo de *benchmarking*. O desempenho provado de um parceiro de *benchmarking* fornece uma visão final realista de que mudança poderia ser provável quando implementada dentro de outra empresa.

Vários tipos de metas podem servir para ajudar uma empresa em seu processo de aperfeiçoamento. Algumas dessas metas específicas podem ser estruturadas com base na análise de *gap*. Pode-se estabelecer uma meta em curto prazo para melhorias obtendo-se vantagens de autorizações de implementação, melhorias que se apresentaram no decorrer da auto-inspeção do processo da empresa. Pode-se estabelecer uma meta de paridade aplicando-se as observações dos capacitadores de parceiro de *benchmarking*. Meta de liderança é a que requer aperfeiçoamento além do observado em outras empresas e busca da aplicação sinérgica dessas lições, a fim de criar um processo que ultrapasse os processos observados em outras empresas.

Na Figura 3.5, é apresentado um resumo da análise de *gaps*.

Cabe aqui uma nota de precaução sobre metas: nem todo processo precisa ser de classe mundial. A capacidade de um sistema empresarial deve ser balanceada: um processo não deve brilhar à custa de todo o sistema. Que bem faria ter um sistema de análise financeira de tempo real e um sistema de relatório se o processo de vendas estivesse fora de controle? A responsabilidade da administração é gerenciar a empresa como um sistema completo. Processos divididos devem ser fornecidos com recursos suficientes para trazê-los de volta em equilíbrio com o sistema empresarial. Se um processo fornece uma vantagem competitiva, devem ser realocados recursos para permitir que ele melhore de acordo com seu domínio competitivo.

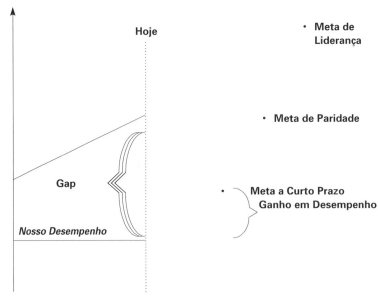

Fonte: WATSON, Gregory, *Benchmarking* estratégico, 1994, p. 86.

Figura 3.5 – Análise de *gaps*.

Metas ajudam a conduzir a implementação de atividade de aperfeiçoamento, porém outro aspecto de fechamento deve ser conseguido no final de um projeto de estudo: a necessidade de celebrar a contribuição da equipe e dos indivíduos com reconhecimento adequado. Ao reconhecer os esforços para concluir o estudo, a gerência fornece um endosso aberto de *benchmarking* como atividade empresarial viável, motivando os empregados a participar de outros estudos de *benchmarking* no futuro.

As atividades de aperfeiçoamento do modelo de *benchmarking* podem ser descritas nesta seqüência:

- Estabelecer metas para fechar, satisfazer e então exceder o *gap* de desempenho.
- Selecionar as melhores práticas e capacitadores para consideração.
- Modificar capacitadores de processo de acordo com a cultura da companhia e estrutura organizacional.
- Aperfeiçoar esses capacitadores com base em observações de equipe para integrar aperfeiçoamento de processo.
- Desenvolver um plano de ação formal para implementação de aperfeiçoamentos.

- Obter endosso da gerência.
- Empenhar os recursos necessários para a implementação.
- Obter aceitação, suporte, compromisso e propriedade para mudanças necessárias.
- Implementar o plano.
- Comemorar os resultados do projeto de *benchmarking*.
- Monitorar e relatar avanço de aperfeiçoamento.
- Identificar oportunidades para *benchmarking* futuro.
- Recalibrar regularmente a medida e procurar compreender quando a mudança é observada.

Comentários

O objetivo do *benchmarking* estratégico é sustentar o aperfeiçoamento em longo prazo dos processos empresariais-chave que fornecem vantagem competitiva contínua para uma empresa. O processo utilizado para *benchmarking* estratégico é o mesmo utilizado para um estudo de *benchmarking* de processo; o que difere é a natureza comercial estratégica do processo estudado. A aplicação do princípio de Pareto e a seleção dos "poucos processos críticos" que fazem a diferença empresarial são as primeiras responsabilidades da gerência para desenvolver um processo de *benchmarking* eficaz. O *benchmarking* estratégico eficaz continua a envolver a gerência no apoio, análise e implementação do estudo da equipe de *benchmarking*. Finalmente, a administração precisa exercer diligência devida, garantindo que estudos duplicados não sejam realizados e que os resultados de um estudo sejam comunicados a todas as áreas da empresa (Leo, 1997, p. 78).

O Que Evitar

É preciso reconhecer as armadilhas do processo e a dificuldade da quebra dos paradigmas para iniciar o *benchmarking*. Outro ponto é a expectativa final do cliente, que não deverá ser desapontado em hipótese nenhuma. E, por fim, o envolvimento da alta gerência no processo, como fator de sucesso.

Embora os *benchmarkers*, com freqüência, concentrem-se no aprendizado por meio dos sucessos, também podem aprender com as falhas de implementação e os problemas observados em outras empresas. Uma série de armadilhas está à espera de empresas que iniciam um esforço de *benchmarking*. Talvez a lição mais importante a ser aprendida seja a de como superar a resistência à mudança a fim de implementá-la. Desculpas no nível decisório para não fazer *benchmarking* reduzem-se a um único tema básico: não acreditamos que possamos aprender com outras empresas. Empresas bem-sucedidas não acreditam que possam aprender com outras que não atingiram posição equivalente de liderança. Outras desculpas incluem: "Nossa empresa é diferente; não podemos aprender com outras". Essa atitude indica falha em formar uma analogia adequada para compreender verdadeiramente as semelhanças de processo entre organizações (Nonaka, 1997, p. 13).

A razão fundamental para *benchmarking* é aprender com organizações que vivenciaram situações semelhantes e lidar com elas. Se foram bem-sucedidas, então os *benchmarkers* conseguiram lições positivas para evitar as armadilhas. Segundo Otto Von Bismarck, o estrategista militar prussiano,: "Tolos são vocês... em dizer que aprendem por suas próprias experiências... Prefiro o lucro por erros de terceiros e evitar o preço de meus próprios". As empresas que não superarem essas atitudes não ganharão nada de um esforço de *benchmarking*. As organizações que aprendem cultivam a arte de ouvir com abertura e atenção, com receptividade por parte dos gerentes (Garvin, 1998, p. 69).

Outro erro a evitar no início de *benchmarking* é não avaliar as expectativas do cliente em estudos de *benchmark*. A razão para melhorar uma empresa pode ser fornecer melhor serviço ao cliente, satisfazer de maneira mais adequada as expectativas dos clientes, atingir um retorno maior nos bens, aumentar o valor dos acionistas e assim por diante. É importante levar em consideração o cliente quando se realiza um estudo de *benchmarking*; caso contrário, é possível otimizar menos o estudo e produzir resultados que só reflitam melhorias internas não levadas adiante. O projeto de *benchmarking* competitivo do Ford Taurus levou isso em consideração. A Ford não buscou apenas conseguir satisfação do cliente com o esforço do projeto, mas também atingiu um sucesso de mercado que aperfeiçoaria o desempenho financeiro da empresa. A empresa saiu-se bem nos dois sentidos!

Outro fator a evitar é a não-participação dos donos no processo de *benchmarking*. Em quase todo esforço de mudança de empresa de grande porte bem-sucedida, um fator capacitador tem sido a participação dos encarregados na implementação da mudança. Em resumo, o dono do processo deveria "comprar" a necessidade de mudança e as melhorias propostas antes de executar as recomendações da equipe de estudo. A melhor forma de conseguir isso é por meio de envolvimento ativo no esforço do estudo. Uma razão para o sucesso do melhor estudo de práticas de programação da Hewlett-Packard, que realizou mudança na abordagem da empresa para novo desenvolvimento de produto, foi o envolvimento e a participação ativa do pessoal de engenharia. Se esse estudo tivesse sido dirigido por meio de uma função de equipe, a aceitação do nível de divisão, sem dúvida, teria sido diferente.

Esses conselhos vêm de Al Mierisch, gerente do departamento de serviço de qualidade da Flórida Power & Light, vencedor do Deming Prize em 1989: "Não penalize a gerência intermediária ou empregados pelo gap atual no desempenho observado durante o benchmarking" (Al Mierisch, *APQC Benchmarking Week*, 1992).

Mierisch também recomendou a não-delegação de responsabilidade a consultores pela conduta do estudo – isso não ajuda a formar capacidade interna de *benchmarking*. Charles O. Lybeer, vice-presidente de manufatura da Stone Construction Company, uma pequena empresa em Honeoye, New York, recomenda a *benchmarkers* iniciantes que evitem *benchmarking* com empresas que tenham adequação cultural insatisfatória em qualquer dimensão: grande/pequeno demais, centralizado/descentralizado demais, formal/informal demais, ou autoritário/participativo demais. Ele também sublinha a necessidade de compreender o próprio processo e evitar informalidade demais no método de *benchmarking* (Al Mierich's, *APQC Benchmarking Week*, 1992).

O Que Adotar

Talvez o melhor conselho para estimular iniciantes em *benchmarking* tenha sido dado por Samuel W. Bookhart Jr., gerente de *benchmarking* da DuPont Fibers e um dos autores do Código de Conduta de *benchmarking*: "Siga o Código de Conduta" (Al Mierich's, *APQC Benchmarking Week*, 1992). Utilizando o código como ponto de partida, os iniciantes podem compreender as convenções e expectativas que se desenvolveram entre *benchmarkers* profissionais desde o início dos anos de 1980. Outros *benchmarkers* experientes terão suas próprias recomendações quanto à maneira de começar *benchmarking*.

Ken Karch, gerente de qualidade total da Weyerhauser Company, oferece os seguintes lembretes para organizações que iniciam esforços de *benchmarking*: (Al Mierich's, *APQC Benchmarking Week*, 1992):

- O empenho e a participação da alta administração são necessários.
- Os membros da equipe, muitas vezes, têm tendências que precisam ser abordadas.
- As abordagens da equipe são absolutamente críticas.
- O processo de *benchmarking* não pode ser apressado.
- Educação e treinamento para a equipe são necessários.
- *Benchmarking* necessita de recursos: há envolvimento de pessoas, viagens, pesquisas, consultores e outros fatores.
- É necessário rigor do processo para um estudo bem-sucedido.
- A garantia de dados quantitativos muitas vezes é difícil.

Al Mierisch acredita que *benchmarking* deva ser uma estratégia corporativa-chave, que se concentre em metas corporativas: "Faça do *benchmarking* um processo contínuo dentro de operações empresariais normais; por exemplo, planejamento empresarial ou planejamento estratégico. *Benchmarking* deveria ser uma chave para alcançar a visão e estratégias de sua companhia" (Al Mierich's, *APQC Benchmarking Week*, 1992).

O conselho de Mierisch é fazer a gerência intermediária apadrinhar os estudos e dirigi-los da unidade de negócios. Dirigi-los do nível de assessoria é ineficaz, porque a assessoria não tem processo. Acredita também ser importante selecionar como membros da equipe especialistas (pessoas com um equilíbrio de conhecimento funcional técnico, e analítico do processo de *benchmarking*), dando-lhes o poder de implementar os resultados. Mierisch afirma que os *benchmarkers* devem ter certeza de que possibilitarão tempo adequado para o estudo, devendo fornecer recursos suficientes para a equipe tanto em termos financeiros quanto em termos de treinamento adequado (Al Mierich's, *APQC Benchmarking Week*, 1992)

Da perspectiva de uma pequena empresa, Charles º Lybeer fornece alguns indicadores sólidos: garantir o empenho da equipe por meio de apoio administrativo visível, concentrar-se no processo que está sendo estudado e conseguir melhoria e acompanhamento com ação. Ele acredita que grande parte do benefício de *benchmarking* venha durante o processo de preparo, à medida que uma equipe descobre as limitações de seu próprio processo por meio da auto-análise.

3.9 – Definição do Problema

Um problema pode ser definido tanto pela observação na prática como pela reflexão que se faz da teoria ou, ainda, pela aplicabilidade de um método que se queira testar. Alguns sintomas são claros para a definição da situação problemática. O Brasil, por exemplo, precisa crescer rápido para gerar recursos e empregos e as empresas não podem perder tempo com tentativas infrutíferas. Assim, nada melhor que partir de algo cujo resultado tenha sido satisfatório ou utilizar a ferramenta *benchmarking*. Em um projeto de prática profissional, um problema é uma situação não resolvida, mas também a possibilidade de identificação de oportunidades até então não percebidas pela organização ou o interesse de uma preocupação acadêmica (Roesch, 1999, p. 91).

Partindo-se da observação da atuação das empresas brasileiras e constatando-se que não foi possível identificar dados primários ou secundários sobre o tipo de *benchmarking* utilizado, características da ferramenta ou problemas em sua utilização, como dificuldades e investimentos de tempo e dinheiro, levanta-se o problema: Quais características de aplicação e implementação, critérios de parceria e aplicabilidade do processo de *benchmarking* poderão trazer benefícios às empresas brasileiras?

O processo de *benchmarking* é uma necessidade compartilhada por todos. É também mais um procedimento que deve ser aprendido e ensinado. É preciso fazê-lo porque não há alternativa. Entretanto a falha fundamental da administração em nossos tempos está na preocupação quase que exclusiva com a melhoria operacional, deixando a estratégia de lado" (Porter, 2000, p. 20).

É necessário o conhecimento prévio da ferramenta *benchmarking* no Brasil, para que sejam apontadas estratégias e vantagens em sua aplicação.

3.9.1 – Objetivo

Objetivo Geral: verificar as características de aplicabilidade, ou seja, como as empresas determinam quais atividades serão feitas por meio do *benchmarking*, se essas atividades representam fatores-chave de sucesso, onde procurar por empresas com práticas mais avançadas e com quem realizar o estudo, e tendências de utilização da ferramenta *benchmarking* no Brasil.

Objetivos Específicos:

- Pesquisar quais atividades passarão pelo *benchmarking*, operacionais (meios) ou estratégicas (fins).
- Por que a empresa utiliza a ferramenta *benchmarking* e quais os maiores benefícios.
- Como as empresas formam equipes e determinam o número de pessoas e o tempo para um projeto de *benchmarking*.
- Qual o tipo de *benchmarking* mais utilizado:
  - interno, dentro da própria empresa;
  - competitivo, com os principais concorrentes diretos;
  - com empresas líderes, consideradas as melhores em determinados produtos, processos ou estratégias.
- Como escolhem os fatores-chave a medir.
- Com quem as empresas podem colher as informações para um projeto de *benchmarking* ou qual o critério para a escolha do parceiro.
- Quais as dificuldades para acesso às informações e implementação dos projetos de *benchmarking*.
- Quais empresas dentro da cadeia de relacionamento utilizam a ferramenta *benchmarking* continuamente.

3.9.2 – Justificativa

Mudanças na política governamental têm sido implementadas, desde 1990, com o objetivo de desregulamentar o mercado interno e estimular a competitividade das empresas brasileiras no mercado internacional. A expectativa do governo é a de aumentar a produtividade e a qualidade das empresas, pela eficiência técnica e gerencial, fundamento da ferramenta *benchmarking*. A maioria das empresas está respondendo a este apelo e, portanto, o ambiente parece favorável para implementação de mudanças organizacionais. (Roesch, 1999, p. 101).

3.9.3 – Metodologia

Como a proposta é melhorar o conhecimento e a efetividade da ferramenta *benchmarking* no Brasil e não temos dados ou informações precisas em artigos e obras nacionais, optou-se por uma pesquisa qualitativa. A pesquisa qualitativa é mais adequada para uma fase exploratória, pois a interação com os entrevistados é maior e mais apropriada para a avaliação formativa, quando se trata de melhorar a efetividade de uma ferramenta, programa ou plano (Roesch, 1999, p. 155). Para questões do tipo como ou por que, Yin (2001, p. 24) sugere como estratégia de pesquisa o estudo de caso, que busca examinar um fenômeno contemporâneo dentro de seu contexto.

Dentro do projeto de estudo de caso, optou-se por casos múltiplos, pois são considerados mais convincentes. O estudo global é visto como mais robusto (Herriott & Firestone, 1993) e a condução de casos múltiplos pode exigir maior tempo e amplos recursos (Yin, 2001, p. 68).

3.9.4 – Técnicas de Coleta de Dados

Pretende-se utilizar para o estudo entrevistas em grupo. Serão realizadas seis discussões com dois funcionários em cargos de supervisão ou gerência, de áreas operacionais, e dois funcionários com o mesmo perfil, de áreas administrativas, de três empresas nacionais e três empresas de capital estrangeiro com faturamento mínimo anual acima de R$ 20.000.000,00, mais de 1.000 funcionários e com pelo menos duas unidades de negócio no Brasil, em estados diferentes.

A entrevista em profundidade é a técnica fundamental da pesquisa qualitativa; é uma técnica demorada e requer muita habilidade, pois o objetivo é entender o significado que os entrevistados atribuem à utilização da ferramenta *benchmarking*, os critérios de utilização, as dificuldades, entre outros.

As questões serão abertas e os entrevistados responderão livremente o que suas organizações aplicam e utilizam em relação à ferramenta *benchmarking*. Roteiros para a pesquisa devem conter tópicos que evitem que os entrevistados fujam do assunto e que focalizem nos objetivos do projeto (Vergara, 2003, p. 55).

A amostra será não probabilística por conveniência. Os elementos dessa amostra serão separados de acordo com a conveniência do pesquisador, e serão selecionados os executivos e empresas ao alcance do pesquisador e dispostos a responder a entrevista (Samara, 2002, p. 94).

3.9.5 – Técnicas de análise de dados

Para estudos de casos múltiplos, Yin sugere como método de análise a construção da explanação. Os elementos da explanação visam "explicar" um fenômeno estipulando um conjunto de elos causais em relação a ele Os melhores estudos de caso são aqueles em que as explanações refletem algumas proposições teoricamente significativas.

3.9.6 – Resultados das entrevistas

Estudos de casos múltiplos envolvem comparação entre os casos. No tópico proposto optou-se como técnica de coleta de dados por seis discussões com funcionários em cargos de supervisão ou de gerência, de áreas operacionais e administrativas, de empresas nacionais e de capital estrangeiro. As empresas escolhidas de acordo com a conveniência e dispostas a responder à entrevista são organizações dentro do perfil especificado na metodologia. Seus nomes foram omitidos por sigilo do projeto.

Para atingir os objetivos propostos no projeto, Yin (2002, p. 142) sugere que os critérios de seleção dos casos tenham como base as similaridades ou as diferenças entre as unidades pesquisadas.

No enfoque das semelhanças, examinam-se tendências quanto à utilização da ferramenta *benchmarking*; com as diferenças, tem-se o propósito de maximizar as chances de descobrir *insight* sobre a aplicabilidade da mesma ferramenta.

Para melhor compreensão, análise do contexto e comparação entre os casos, optou-se por denominar as empresas como A, B, C, D, E e F, de modo aleatório, uma vez que não foi solicitada divulgação das entrevistas.

A empresa A tem um programa de qualidade implantado, ISO 9000, principalmente no quesito atendimento ao cliente, porém utiliza a ferramenta *benchmarking* extra-oficialmente. A busca pelas ações dos concorrentes é grande e contínua e faz verificação das taxas de sucesso e análise dos produtos novos.

Destacam-se áreas operacionais e áreas fins para o escopo do *benchmarking*, e pode-se dividir em 40% para o tipo interno e 60% competitivo, não realiza *benchmarking* funcional ou colaborativo. A prática da reciprocidade é difícil, pois pode haver concorrência até entre unidades da própria empresa e existe um código de conduta que se intitula "LIC" – livro de instruções circulares. Nele fica muito claro o que se pode ou não fazer.

É provável que exista um processo-padrão para o *benchmarking*, mas não foi confirmado; o critério para a escolha dos parceiros ficou restrito a ações dos concorrentes.

Não há busca de parceiros, exceto dos concorrentes, e as dificuldades são grandes para um projeto de *benchmarking*. Além dos problemas na área de sistemas, na parte tecnológica, muitas vezes só se consegue a informação por espionagem ou contratando funcionários dos concorrentes, que, embora seja antiético, é muito comum.

Não há número médio de pessoas na equipe de *benchmarking*, podendo-se contar com pessoas de outros departamentos.

Os maiores benefícios no uso do *benchmarking*, para o grupo, são competitividade, caminhos mais rápidos e diminuição de erros. Embora a ferramenta seja disseminada em toda a organização, muitos funcionários não sabem o que é *benchmarking*. Um dos entrevistados enfatiza: "Utilizo, mas nem sabia que se chamava *benchmarking*".

Pode-se constatar que, mesmo sendo uma instituição de grande projeção no Brasil, com grande evolução e amplitude, limita-se a ações somente sobre os concorrentes. Pela evolução da ferramenta *benchmarking* a organização, no momento, está na segunda geração de *benchmarking*, tendo muito que evoluir, principalmente no que se refere à cultura, pois, pela coleta de dados, demonstra ações muito mais reativas que proativas.

A empresa B possui programas de qualidade implantados, como ISO 9001/9002, e outros certificados. A ferramenta *benchmarking* é conhecida e bastante utilizada principalmente em desenvolvimento de produtos, engenharia e atendimento a clientes. As atividades que envolvem projetos de *benchmarking* são operacionais, processos enxutos e eficazes.

O tipo de *benchmarking* mais utilizado é o competitivo, e o princípio de reciprocidade existe na aquisição de alguns produtos em que os fornecedores são comuns.

Os concorrentes mais pesquisados são os diretos e não há nenhum código de conduta explícito para a prática de *benchmarking*.

Quanto ao processo-padrão, a empresa não tem certeza de que ele exista, porém acredita que tenha similar.

O critério para escolha dos parceiros de *benchmarking* está voltado ao posicionamento e fatia do mercado dos concorrentes, e as dificuldades dizem respeito à obtenção de informações estratégicas.

A equipe de *benchmarking* normalmente é composta de dez pessoas e o tempo varia de 3 a 4 meses, dependendo da complexidade do projeto. A empresa não utiliza consultoria externa. Os maiores benefícios são aprender e incorporar no processo vantagens nos processos de outras empresas, outros, citando, como exemplo, a minimização do prazo de entrega dos produtos.

A ferramenta *benchmarking* não é disseminada por toda a organização, ficando restrita da média gerência para cima, e faz parte do planejamento estratégico. Acredita-se que clientes e fornecedores a utilizem, mas isso é difícil de comprovar.

Na empresa C, a ferramenta *benchmarking* é conhecida e utilizada tanto no Brasil como no exterior dentro e fora do Brasil. A organização tem um programa de qualidade implantado, 6-Sigma. O programa 6-Sigma é a implementação rigorosa, concentrada e altamente eficaz de princípios e técnicas comprovadas de qualidade. Ao incorporar elementos do trabalho de muitos pioneiros da qualidade, essa ferramenta busca o desempenho virtualmente livre de erros.

Sigma é uma letra do alfabeto grego utilizada pelos estatísticos para mensurar a variância em qualquer processo. O desempenho de uma empresa é medido pelo nível sigma de seus processos empresariais. Tradicionalmente, as empresas aceitavam níveis de desempenho de 3-Sigma ou 4-Sigma como normais, apesar de saberem que esses processos criavam entre 6,2 mil e 67 mil problemas por milhão de oportunidades. É uma resposta ao aumento do nível de expectativa dos clientes e à crescente complexidade dos produtos e processos modernos.

Se a empresa estiver procurando técnicas novas, esse não é o caminho. A mágica do 6-Sigma não está nas novas maravilhas estatísticas ou de alta tecnologia. Essa ferramenta depende de métodos comprovados e verdadeiros, que já existem há décadas. Na verdade, o 6-Sigma descarta grande parte da complexidade que caracteriza a Gestão da Qualidade Total (TQM, na sigla em inglês).

O 6-Sigma aproveita vários métodos comprovados e treina um pequeno grupo de líderes internos, conhecidos como *black-belts*, até que atinjam alto nível de proficiência na aplicação dessas técnicas. Com certeza, alguns dos métodos utilizados pelos *black-belts* são altamente avançados, o que inclui o uso de tecnologia moderna de informática.

Contudo, as ferramentas são aplicadas dentro de um modelo simples de melhoria de desempenho conhecido pela sigla DMAIC – *Define – Measure – Analyze – Improve – Control* (Definir – Mensurar – Analisar – Incrementar – Controlar), análogo ao método de TQM conhecido como PDCA – Planejar – Fazer – Controlar – Agir (Pyzdek, 2003, p. 66).

As atividades que servem para escopo do projeto de *benchmarking* são operacionais e estratégicas. Como exemplo foi citado, por ocasião da implantação do sistema 6-Sigma, a busca de informação e experiência com a Motorola e a GE. No Departamento de Compras, para a análise de fornecedores, foram realizados estudos com empresas como LG e Monsanto.

Nota-se que, pela própria implementação de uma ferramenta da qualidade sofisticada como o 6-Sigma, existe um incentivo muito grande na empresa para a prática do *benchmarking*. No departamento de RH, ficou muito evidente que processos similares são compartilhados, como folha de pagamento ou projetos de terceirização com um grupo de empresas da região.

Quanto ao tipo de *benchmarking*, todos foram citados, como: interno, um grupo de manutenção, discute processos continuamente competitivos, principalmente na área de serviços funcional, compras buscam informações principalmente com indústrias do setor químico cooperativo, RH e Produção, com empresas como por exemplo a Embraer e GM. Um fato que ficou bastante marcante na entrevista é o comprometimento dos funcionários e a cultura da organização voltada ao aprendizado e aperfeiçoamento .

No Departamento de Compras, prevalece hoje um critério para avaliação e credenciamento de fornecedores, que foi desenvolvido pela empresa de melhor performance nesse processo. Por conta disso as demais empresas do grupo aproveitaram para utilizar um processo semelhante..

Existe um código de conduta, o código de colaborador, que visa não compartilhar informações confidenciais. Em compras, há um código que define política de brindes. A empresa, porém, não tem definido um processo-padrão que sirva para elaborar um projeto de *benchmarking*. O critério para escolha dos parceiros também não é definido, mas, pelos exemplos dos parceiros de *benchmarking*, vê-se que prevalece o mesmo porte e número de funcionários.

Na empresa C, a dificuldade para obter informações não é grande, visto que já existem grupos previamente formados para a troca de informações e aprendizado compartilhado. Não existe um número médio de participantes nas equipes que conduzirão os projetos de *benchmarking* e não foi utilizada consultoria externa, pois acredita-se que a prática de *benchmarking* já faz parte da função.

Quanto aos benefícios, os mais citados foram: diminuição de custos e tempo e otimização de processos. A ferramenta é disseminada por toda a organização. O *benchmarking* faz parte do planejamento estratégico da empresa e é utilizado em toda a cadeia de relacionamento.

Constata-se que, mesmo não tendo um processo-padrão, para normalizar e organizar o uso da ferramenta *benchmarking*, o projeto deve ser enviado após sua aprovação. A empresa destaca-se na aplicabilidade e tendência de utilização. Não é sem motivo que vários autores citam a organização C como referência na prática e uso do *benchmarking*.

A empresa D tem programa de qualidade implantado, ISO 9000 e ISO 14000. O conceito de *benchmarking* é conhecido e utilizado e uma das ferramentas para a disseminação é o "Portal do Conhecimento". Na Intranet da empresa são inseridos Workshops que mostram exemplos da utilização de criatividade em diversos processos com experiências do Brasil e do mundo.

As atividades que servem como escopo para os projetos de *benchmarking* são: atividades operacionais, soluções técnicas para os clientes e atividades fins, com aplicativos próprios (*software*), para inserir e disseminar informações ligadas à cadeia de valor e outros. Um desses aplicativos é o *Account Profile*, que contém um mínimo possível de características de cada cliente para a elaboração de solução completa, personalizada.

Os tipos mais utilizados de *benchmarking* são o interno, com réplicas de *cases* de sucesso e similaridades que podem ser utilizadas para clientes com o mesmo perfil, e o competitivo, também com ferramenta de Intranet que fornece todas as informações da concorrência para cruzar e comparar desempenho .

O princípio de reciprocidade é utilizado e tem como exemplo uma empresa de cosméticos que troca informações sobre fatores críticos de sucesso. Com os concorrentes não há troca de informações em nenhuma área.

Os entrevistados desconhecem um código de conduta para a prática de *benchmarking*, mas a organização tem um processo-padrão para a prática da ferramenta. O incentivo para a utilização do *benchmarking* é muito grande.

Para parceiros, em geral são escolhidas empresas de porte que fabricam e comercializam produtos e principalmente tenham similaridade no atendimento e porte de clientes.

As dificuldades para o contato e acesso às informações estão muito ligadas ao líder do projeto. As equipes normalmente são compostas com envolvimento do pessoal da área de Marketing; o grupo é totalmente focado no projeto, com uma média de oito pessoas, e o tempo entre planejamento e implementação depende do porte do projeto.Em média, a duração é de três a seis meses.

A consultoria externa para ajudar nos projetos de *benchmarking* não é utilizada. Os grandes benefícios são a réplica de casos de sucesso e o armazenamento de informações que poderão ser utilizadas novamente com grande agilidade.

A ferramenta *benchmarking* não é totalmente disseminada na organização. Embora o *benchmarking* tenha grande incentivo, não se pode dizer que todos o utilizem. Ele faz parte do planejamento estratégico e a própria empresa chega a exigir de alguns fornecedores a sua utilização .

Uma outra ferramenta disponível para facilitar a prática do *benchmarking* denomina-se *Sail force Automation* e tem como objetivo incrementar e inserir dados de negociações recentes para troca de experiências e aprendizado geral.

A empresa E tem programas de qualidade implantados, como ISO 9000, nova versão da ISO para o ano 2000 e 6-Sigma. Utiliza a ferramenta *benchmarking* no Brasil desde 1987, com ganhos muito grandes, saindo de resultados negativos para grandes crescimentos, muitas vezes do padrão um para o dez.

Por ser uma grande multinacional, com filiais em 38 países, utiliza com mais intensidade o *benchmarking* interno e em áreas operacionais, sem , contudo, deixar de utilizar em áreas fins, como desenvolvimento de metas e análise de concorrentes.

A análise sobre os concorrentes tem um perfil claro de *benchmarking*, mas 100% dos entrevistados empregam os termos "análise de competitividade" ou *Marketing Intelligence*.

A reciprocidade é muito grande internamente, mas não com os concorrentes, e não existe compartilhamento de áreas fins como RH ou Compras.

A organização não tem um código de conduta explícito para a ferramenta *benchmarking*, porém existe um processo-padrão para novos produtos.

A escolha dos parceiros é feita com base em empresas do grupo que tenham similaridades produtivas com o Brasil. Uma vez por ano é realizada uma reunião para facilitar o Networking, com o objetivo, entre outros, de incentivar a prática do *benchmarking*.

Não há um número exato para a equipe de *benchmarking*, podendo chegar a 15 pessoas no mundo todo. A média, no entanto, é de seis a oito pessoas. Por se tratar, na maioria dos casos, de *benchmarking* interno, os projetos demoram normalmente duas semanas. Esse tempo pode parecer muito curto, mas o grupo acaba ficando focado somente no projeto. A equipe é formada pelos maiores especialistas no escopo do projeto. Por exemplo, para um estudo de laminação de folha de alumínio, é feito um questionário/avaliação para identificar produtividade, custos, devoluções e nível de atendimento e, finalmente, elaborados planos de ação.

As maiores dificuldades para iniciar um projeto de *benchmarking* são as pessoas que não aceitam as falhas nos processos, rejeitando as críticas por imaginar que o caminho escolhido pela empresa, ou que aquele processo específico seja o único correto. A empresa não utiliza consultoria externa. Suas principais vantagens competitivas são: produtos e preços competitivos, baixos custos e grande disposição para mudanças, ainda que seja a líder do segmento.

A ferramenta *benchmarking* não é disseminada por toda a organização. As áreas financeiras e administrativas podem utilizar mais que as outras. Os clientes também utilizam essa ferramenta. Quanto aos fornecedores, não foi possível confirmar.

A empresa F não tem nenhum tipo de projeto de *benchmarking* e o utiliza muito pouco, só para a comparação dos produtos com os concorrentes. Não tem abertura para reciprocidade nem processo-padrão para elaborar o *benchmarking*.

A empresa está em processo de reestruturação, com atividades para *Network* e nenhuma atividade voltada ao *benchmarking*. Com a entrada de um grupo multinacional como maior acionista, com visão diferente e novo presidente, deve dar uma nova direção, mas pela cultura da organização não tem *benchmarking*.

A organização não utiliza a ferramenta, porém mostrou-se interessada em um projeto de treinamento para conhecimento e futura utilização do *benchmarking*.

3.10 – Conclusão

As empresas devem analisar seus sucessos e fracassos, avaliá-los de maneira sistemática e registrar os ensinamentos de modo aberto e acessível a todos os empregados. Evidentemente, nem todo aprendizado deriva de reflexões e auto-análise. Às vezes, os *insights* mais vigorosos decorrem da observação do ambiente externo para o desenvolvimento de novas perspectivas. Os executivos, os gerentes e os funcionários esclarecidos sabem que as empresas em ambientes de negócios completamente diferentes podem ser fontes copiosas de idéias e catalisadores que estimulam o pensamento criativo.

O *benchmarking* é uma experiência contínua de investigação e aprendizado, que promove identificação, análise, adoção e implementação das melhores práticas setoriais.

Os maiores benefícios emanam do estudo das práticas, da maneira como o trabalho é executado, e não dos resultados, assim como do próprio envolvimento das equipes no processo de aprendizado.

Quase tudo é suscetível de *benchmarking*, porém não se pode confundi-lo com "turismo setorial", ou seja, uma série de visitas improvisadas a empresas que receberam publicidade favorável ou ganharam prêmios de qualidade.

Ao contrário, é um processo sistemático que parte de pesquisas exaustivas para a identificação dos parceiros com as melhores práticas, prossegue com o estudo cuidadoso das próprias práticas e desempenho, progride com um plano sistemático de visitas e entrevistas e conclui com análise dos resultados, desenvolvimento de recomendações e programa de implementação.

Por meio das entrevistas em profundidade com as empresas escolhidas para o estudo de casos múltiplos, pode-se comprovar que programas de qualidade estão diretamente ligados à prática de *benchmarking* e, quanto mais avançados, como é o caso do 6-Sigma, implementado em duas das organizações analisadas, mais se percebe a utilização da ferramenta condizente com os conceitos abordados.

A maioria das organizações utiliza a ferramenta *benchmarking* para atividades operacionais, como processos, soluções técnicas, folha de pagamentos dos funcionários ou avaliação de fornecedores e também para atividades fins, exemplo, determinação de metas e planos ou estratégias de terceirização.

Os fatores-chave ou processos empresariais-chave estão ligados à melhora contínua, à redução de custos e à minimização de tempo.

Quanto aos tipos de *benchmarking* apresentados no projeto, quase todas as organizações utilizam o interno e o competitivo. Pode-se constatar que estão no segundo estágio de evolução da ferramenta *benchmarking*, segundo Watson. Algumas, no entanto, já estão no último estágio: *benchmarking* global.

Quanto aos elementos do *benchmarking*, constata-se que existe para a maioria das empresas o princípio de reciprocidade, em alguns casos até com os concorrentes, quando se trata de fatores-chave de interesse comum, como compra de produtos não estratégicos. Nenhum entrevistado demonstrou conhecimento de que sua organização tenha um código de conduta explícito para a prática de *benchmarking*. Tem-se, assim, uma primeira oportunidade e justificativa do projeto de pesquisa, em que se pode explorar melhor essa grande deficiência, principalmente na atualidade, com a conduta ética tão em evidência.

Somente uma das empresas analisadas afirmou ter um processo-padrão para a elaboração do *benchmarking*, outra grande oportunidade dentro do projeto. Alguns grupos mostraram-se interessados nas alternativas de processo, visto que a pesquisa apontou sete alternativas, que podem ser adaptadas a qualquer empresa.

O critério para a escolha de parceiros do projeto de *benchmarking* é igual para todas as empresas e está voltado a similaridade de porte, faturamento e número de funcionários. Esse fato condiz com a teoria abordada, pois parceiros díspares podem apresentar *gaps* difíceis de atingir ou implementar.

As informações estratégicas são as mais difíceis para a maioria das empresas, porém constata-se que a formação de grupos de *benchmarking* pode facilitar e muito a busca dessas informações.

Todos os projetos de *benchmarking* citados pelas organizações são realizados em grupos, de preferência multifuncionais e em média de seis pessoas.

Quanto ao tempo entre planejamento e implementação, pode ser de duas semanas para projetos de *benchmarking* interno ou chegar a seis meses, para projetos mais complexos, que envolvem mais pessoas e informações. Nenhuma empresa passou desse prazo, podendo-se constatar que a média é de três meses.

As maiores dificuldades para início e implementação dos projetos de *benchmarking*, pelo menos para algumas empresas, estão relacionadas à cultura interna, principalmente a de não aceitar que se pode aprender com os outros .

Nenhuma empresa analisada utilizou o serviço de consultoria para planejamento e implementação da ferramenta *benchmarking*, outra grande oportunidade do projeto de pesquisa. Pode-se relatar, também, que os maiores benefícios ao se utilizar a ferramenta *benchmarking* estão relacionadas a competitividade, atualização, qualidade, menor custo de desenvolvimento e agilidade.

Somente em uma empresa analisada a ferramenta *benchmarking* foi disseminada por toda a organização; em outra, não é conhecida nem utilizada.

Pode-se constatar, pela maioria das organizações e até pela sua cadeia de relacionamentos, fornecedores e clientes, que existe uma forte tendência para utilização da ferramenta *benchmarking* no Brasil, mas, pela sua aplicabilidade, nenhuma empresa entrevistada e analisada utiliza todos os conceitos e abordagens do projeto apresentado. Tem-se grande oportunidade para outros pesquisadores dar continuidade aos estudos sobre essa fantástica ferramenta, checando até os métodosquantitativos e os resultados obtidos e para as organizações aprenderem e disseminar por meio dessa pesquisa formas mais rápidas e conceitualmente corretas para a aplicação da ferramenta *benchmarking*. A seguinte frase conclui bem este estudo: "O aproveitamento entusiástico do conhecimento alheio está substituindo a síndrome do não-inventado- aqui".

ANEXO
Projeto de Pesquisa

Objetivo: Verificar a utilização e aplicabilidade da ferramenta *benchmarking* no Brasil.

Método: Tipo Qualitativa, com amostra intencional por conveniência

Dados: *Benchmarking* – ferramenta que visa comparar ou melhorar o desempenho de produtos e processos, internamente, com concorrentes ou empresas líderes.

Nomes:	Cargo:

Empresa:

Objetivo geral da pesquisa

Verificar as características de aplicabilidade, ou seja, como as empresas determinam quais atividades serão feitas por meio do *benchmarking*, se elas representam fatores-chave de sucesso, onde procurar por empresas com práticas mais avançadas e com quem realizar o estudo e as tendências de utilização da ferramenta *benchmarking* no Brasil.

I) **Aquecimento inicial** (Cris: este é o projeto de pesquisa que serviu como base para o estudo. Estas expressões fazem parte do projeto)
- Apresentação dos participantes
- Introdução ao assunto

II) **A ferramenta *benchmarking***
- Sua empresa tem algum programa de qualidade implantado ou em processo de implantação?
- O conceito do *benchmarking* é conhecido e utilizado?
- Quais atividades normalmente servem como escopo para um projeto de *benchmarking*: atividades operacionais, como engenharia re-

versa, processos de atendimento, logística, ou atividades fins, como análise de mercado, determinação de objetivos e metas.
- Como sua empresa escolhe os fatores-chave de sucesso ou processos empresariais-chave a serem abordados em um projeto de *benchmarking*?

III) Tipos de *benchmarking*
- Qual o tipo de *benchmarking* mais utilizado por sua empresa: interno, competitivo, funcional ou genérico?

IV) Elementos do *benchmarking*
- Existe algum princípio de reciprocidade, analogia, medição ou validade?
- Existe algum código de conduta explícito para a prática de *benchmarking*?

V) O processo de *benchmarking*, aplicação
- A empresa tem algum processo-padrão para o projeto de *benchmarking*?
- Qual o critério para selecionar as empresas que poderão ser parceiras em um projeto de *benchmarking*?
- Quais as dificuldades para contato com estas empresas e acesso às informações?
- Normalmente, quantas pessoas compõem a equipe que vai desenvolver e acompanhar um projeto de *benchmarking*?
- Quanto tempo sua empresa demora em média entre o planejamento de um projeto de *benchmarking* e sua implementação?
- Quais as dificuldades para implementação do projeto na sua empresa?
- Sua empresa desenvolve ou desenvolveu sozinha projetos de *benchmarking* ou solicitou ajuda de consultores externos?

VI) Tendências de utilização da ferramenta *benchmarking*
- Quais os maiores benefícios ao se utilizar a ferramenta *benchmarking*?
- A ferramenta *benchmarking* é disseminada por toda a organização ou utilizada somente por especialistas, funcionários mais familiarizados e experientes com a ferramenta?
- A ferramenta *benchmarking* faz parte do planejamento estratégico da empresa?
- Tem conhecimento se as empresas próximas da organização, como fornecedores e clientes, utilizam a ferramenta *benchmarking*?
- Acredita que a ferramenta seja utilizada com freqüência na sua empresa e na sua cadeia de relacionamentos, fornecedores e clientes?

Referências Bibliográficas

AAKER, D. *Administração estratégica de mercado*. 5. ed. Porto Alegre: Bookman, 2001. 323 p.

AGF, Histórico. Disponível em: <www.agf.com.br>. Acesso em: 2 abr. 2003.

ALBERTIN, A. L. *Comércio eletrônico*: modelo, aspectos e contribuições de sua aplicação. 4. ed. São Paulo: Atlas, 2000. p. 318.

ALCAN, Histórico. Disponível em: <www.alcan.com.br>. Acesso em: 10 abr. 2003.

APQC, Organizational Change. . Disponível em: <www.exinfm.com/pdffiles/change_apqc.pdf>. Acesso em: 7 maio 2003.

BAIN & COMPANY. Ferramentas para vencer. *Revista HSM Management*, São Paulo, n. 6, p. 56-59, jan./fev. 1998.

BALM, G. J. *Benchmarking*: um guia para o profissional tornar-se – e continuar sendo – o melhor dos melhores. 2. ed. Rio de Janeiro: Quality Mark, 1995. 211 p.

BANCO DO BRASIL, Histórico. Disponível em: <www.bb.com.br>. Acesso em: 14 abr. 2003.

BOGAN, C. E. *Benchmarking aplicações e práticas*. São Paulo: Makron Books, 1997. 422 p.

BONOMA, T.; SHAPIRO, B. *Industrial market segmentation*: revision 2.1. Harvard University Graduate School of Business Administration. Lexington, MA: DC Heath, jul. 1982.

BOXWELL, R.J. *Vantagem competitiva através do benchmarking*. São Paulo: Makron Books, 1996. 255 p.

BREWER, G. *Hewlett-Packard, sales and marketing management*. 1997, p. 58.

CAMP, R.C. Adaptar criativamente. *Revista HSM Management*, São Paulo, n. 3, p. 64-68, jul./ago. 1997.

CAMP, R. C. *Benchmarking*: o caminho da qualidade total; identificando, analisando e adaptando as melhores práticas de administração que levam maximização de performance empresarial. 2. ed. São Paulo: Pioneira, 1995. 250 p.

CAMP, R. C. *Benchmarking dos processos de negócios*: descobrindo e implementando as melhores práticas. Rio de Janeiro: Quality Mark, 1996. 365 p.

CAMP, R. C. *Benchmarking pure & simple* (Apostila), Huston, EUA, Editado por American Productivity & Quality Center, 1995, 76 p.

CAMP, R. C. *Xerox – Guia PRM; padrões referenciais de mercado* (Apostila de Seminário). p.1., Editado pela Xerox, 1996, 95 p.

CAMP, R. C. *An executive overview of benchmarking* (Apostila de Seminário). s.l., Editado pela American Productivity & Quality Center.

CHING, H. Y. *Gestão de estoques na cadeia de logística integrada.* São Paulo: 1999.

DAY, G. S. *A dinâmica da estratégia competitiva*, Wharton School, São Paulo: Campos, 1999. 459 p.

DRUCKER, P. *The theory of the business*, HBR, set./out. 1994, p. 95- p. 104.

ECO, H. *Como se faz uma tese.* 14. ed. São Paulo: Perspectiva, 1996. 170 p.

EMBRAER, Histórico. Disponível em: <www.embraer.com.br>. Acesso em: 16 abr. 2003.

FERREIRA, A. *Gestão empresarial.* São Paulo: Pioneira, 2000. 256 p.

GUIMARÃES, K. Tudo que é sólido se desmancha no ar. *Revista Automação*, p. 32, ago. 1999.

HSM Management, n. 43, ano 8, v. 2, mar./abr. 2004.

Harvard Bussiness Review, *Gestão do conhecimento.* 5. ed. Rio de Janeiro: Campus, 2000. 205 p.

HENDERSON, B. D. Harvard Business Review, maio/jun. 1997.

HITT, M. A.; IRELAND, R. D.; HOSKISSON, R. E. *Administração estratégica.* São Paulo: Thomson, 2002. 546 p.

HOWELL, P. Houston Chronicle, APQC Benchmarking Week Conference, maio 1992.

HUTT, M.; SPEH, T. *B2B: Gestão de marketing em mercados industriais e organizacionais.* 7. ed., Porto Alegre: Bookman, 2002. 593 p.

KODAK, Histórico, www.kodak.com.br, visitado em 22 de abril de 2003.

KOTLER, P. *Administração de marketing; análise, planejamento, implementação e controle.* 10. ed. São Paulo: Prentice Hall, 2000. 764 p.

LAWTON, R. L. *Creating a customer – centered culture; leadership in quality, innovation, and speed.* s. 1., EUA, Quality Press, 1993. 177 p.

LEO, R. J. Uma estratégia pós-benchmarking. *Revista HSM Management*, São Paulo, n. 3, p. 76-84, jul./ago. 1997.

LINCOLN, S. O que os livros de benchmarking não dizem. *Revista HSM Management*, São Paulo, n. 3, p. 70-74, jul./ago. 1997.

MATTAR, Fauze; SANTOS, Dílson. *Gerência de produtos.* São Paulo: Atlas, 1999. p. 172.

MIERICH, A. *Apresentação Seminário*, APQC Benchmarking Week Conference, Dallas, 1992.

MINTZBERG, H. *Safári de estratégia.* Porto Alegre: Bookman, 2000. 299 p.

NONAKA, I. *Criação de conhecimento na empresa.* 6. ed. Rio de Janeiro: Campus, 1997. 358 p.

OLIVEIRA, D. P. Rebouças. *Planejamento estratégico; conceitos, metodologia e práticas.* 9. ed. São Paulo: Atlas, 2001. 337 p.

OHNO, T. *Toyota Production Sytem*, Cambridge: Productivity Press, 1990. 190 p.

PATTERSON, J. G. *Benchmarking basics; looking for a better way*. s. 1, EUA: Bawden Printing Company, 1996. 71 p.

PORTER, M. E. A nova era da estratégia. *Revista HSM Management* – Ed. Especial, São Paulo, mar./abr. 2000.

PORTER, M. E. Competição: *estratégia competitivas essenciais*. 2. ed. Rio de Janeiro: Campus, 1999. 515 p.

PORTER, M. E. *Vantagem competitiva*. 14. ed. Rio de Janeiro: Campus, 1989. 512 p.

POWER, C. Flops. *Business Week*, p. 76-82, 16 ago. 1993.

PYZDEK, T. Uma ferramenta em busca do defeito zero. *Revista HSM*, São Paulo, n. 38, p. 64-70, maio/jun. 2003.

ROESCH, S. M. A. *Projetos de estágio e de pesquisa em administração*. 2. ed. São Paulo: Atlas, 1999. 301 p.

SAMARA, B. S. *Pesquisa de marketing*. 3. ed. São Paulo: Prentice Hall, 2002. 259 p.

SEVERINO, A. J. *Metodologia do trabalho científico*. 21. ed. São Paulo: Cortez, 2000. 279 p.

SHERIDAN, J. Buying globally made easier. *Industry Weed*, p. 63-64, 1998.

SILVA, R. O. *Teorias da administração*. São Paulo: Pioneira Thomson Learning, 2001. 523 p.

SIQUEIRA, A. C. B. *Segmentação de mercados industriais*. São Paulo: Atlas, 2000. 233 p.

SPENDOLINI, M. J. Perspective correct etiquette. *The TQM Magazine*, jul./ago. 1992.

TZU, S., *The art of War*, Ed. New York, Delacote Press, 1983.

VERGARA, S. C. *Projetos e relatórios de pesquisa em administração*. 4. ed. São Paulo: Atlas, 2003. 96 p.

WATSON, G. H. *Applying benchmarking skills in your organization* (Apostila de Seminário). Houston, EUA, editado por American Produtctivity & Quality Center, 1996, 241 p.

_____. *Benchmarking estratégico; como transformar as técnicas de benchmarking em fator de competitividade e acréscimo de produtividade*. São Paulo: Makron Books, 1994. 284 p.

_____. *Strategic benchmarking*: o benchmarking como fator de competitividade e acréscimo de produtividade (Apostila Seminário). São Paulo, editado por Interagis, 1996, 122 p.

_____. *The benchmarking workbook; adapting best pratices for performance improvement*. Portland, EUA, Producting Press, 1992. 144 p.

WEBSTER, F.; WIND, Y. Organization buying behavior. *Upper Saddle River*, NJ, Prentice Hall, 1972. p. 2.

WRIGHT, P. *Administração estratégica*. São Paulo: Atlas, 2000. 410 p.

XEROX, Histórico. Disponível em: <www.xerox.com.br>. Acesso em: 25 abr. 2003.

YIN, R. K., *Estudos de caso planejamento e métodos*. 2. ed. São Paulo: Bookman, 2002. 205 p.

ZAIRI, M. O verdadeiro significado da competição. *Revista HSM Management*, São Paulo, n. 3, p. 86-97, jul./ago. 1997.

ZEITHAML, V. A.; BITNER, M. J. *Marketing de serviços*: a empresa com foco no cliente. São Paulo: Bookman, 2003. 535 p.

CAPÍTULO 4

Customer Relationship Management (CRM): Visão Prática do Conceito

ALEXANDRE FRANCO CAETANO

Graduado em Administração de Empresas, MBA pela Business School São Paulo, profissional da área financeira, responsável pelo desenvolvimento e gerenciamento de produtos para os segmentos Business to Business e Business to Consumer. É professor de CRM e Marketing Direto e de Marketing de Relacionamento nos cursos de Pós-graduação da FAAP.

CÉSAR HENRIQUE FISCHER

Mestre em Administração, Bacharel em Administração, é Gerente de Análise e Modelagem de Marketing em empresa do setor bancário, professor de CRM e Marketing Direto e de Marketing de Relacionamento nos cursos de Pós-Graduação em Marketing da FAAP.

Introdução

A busca constante por eficiência nas empresas é uma realidade com a qual se convive nas últimas décadas.

Assim, teorias de produção como *Kanban*, *Just-in-time*, processos de reengenharia, *downsizing* e controle de qualidade passaram a fazer parte do dia-a-dia dos administradores.

Essa busca trouxe competitividade para as empresas, porque permitiu que produzissem mais, em menor tempo, com menor perda de insumos e com maior qualidade.

Os aspectos básicos dessa revolução foram: a capacidade de descrição dos processos, a metodologia científica aplicada de maneira direta e objetiva, a inclusão das pessoas que faziam as menores tarefas e a reformulação de tudo o que fosse necessário (do leiaute da produção ao processo de logística), sem falarmos das inovações tecnológicas. E não as mencionaremos apenas porque elas são, guardadas as questões financeiras por trás delas, *commodities* à disposição de quem possa adquirir o conhecimento ou os insumos. A utilização dela é que será, eventualmente, um diferencial.

Enquanto isso, em outra parte da empresa, um grupo de pessoas preocupava-se em entender quais necessidades deveriam ser atendidas pela própria empresa, norteando o desenvolvimento de produto e serviço, a comunicação, a distribuição, pesquisando possibilidades, oportunidades, estratégias, aceitação de preços, apoiando a equipe de vendas, estudando o comportamento dos consumidores e alimentando a empresa para que ela pudesse voltar-se para o atendimento desses requisitos.

E essa é a nossa área de marketing, como a conhecemos, ou mesmo desejamos.

Existe, no entanto, relação entre o mundo da produção, rígido e objetivo, do controle de qualidade, da revisão de processos e o mundo das áreas de marketing, que vá além da questão funcional descrita? Quantas vezes, ao final de um longo ano de sucessos, com incremento dos resultados financeiros e aumento de fidelidade e nível de satisfação da base de clientes, o responsável pelo mundo do marketing não se viu tentado a explicar a causa desse sucesso por: "um conjunto de fatores"?

A pergunta seguinte dos acionistas talvez seria: "E em qual desses fatores devemos investir mais no próximo ano?" Ou, se tivéssemos vivido insucessos: "O que deve ser feito diferente para o próximo ano?"

Certamente a resposta seria de qualidade, embasada em conhecimento e experiência.

Todavia, onde está a relação dessa resposta com a informação da área de controle de qualidade, direta e objetiva de que "perdemos 2,41% da produção por retrabalho, em razão de instalações feitas incorretamente e necessitamos de 250 horas-homem de treinamento para reverter isso para o próximo ano"?

Observe-se o exemplo da lendária Harley Davidson, que entendeu que seus clientes exteriorizavam sua visão de mundo por meio da imagem de suas motos e se reconheciam como uma família, mas nem por isso poderiam aceitar ter motocicletas quebradas a 500 km de suas casas, e passou a ter incrível sucesso ao atender essa necessidade, por mais óbvia que ela fosse. E o mais importante: a HD não tem uma área estruturada de marketing e certamente possui uma das mais bem-sucedidas estratégias de marketing do mundo.

Assim, como devemos resolver a equação mencionada? Você, dirigente de marketing, de qual elemento necessita para ter certeza de onde deverá investir no próximo ano para manter alto o desempenho da empresa no mercado de atuação da empresa?

Em meados da década de 1980, Jan Carlzon e Tomas Lagerträm, em *A hora da verdade*[1], definiram o momento da verdade como cada contato entre cliente e empresa – o momento da entrega ou o momento em que, apesar de toda a comunicação ou da mensagem de espera, ao telefone, que diz ao cliente que ele é importante, a empresa mostra seus valores e seus princípios e deflagra uma corrente positiva de resultados, atendendo de fato o cliente, ou negativa, destruindo tudo o que havia se proposto a construir em termos de imagem e reconhecimento.

Para isso, sobretudo, cada pessoa que entrasse em contato com os clientes deveria ter preparo para fazê-lo. E por preparo entende-se, mais do que boa vontade e educação, até onde poderia ir para atender o cliente, sem que isso pudesse transformar-se em prejuízo para sua carreira. Jan Carlzon, CEO do grupo SAS, definiu claramente que atender o cliente jamais poderia constituir esse prejuízo.

---

1. CARLZON, Jan; LAGERTRÖM, Tomas. *A hora da verdade* (COP Editora, 1985). Jan Carlzon CEO do grupo SAS de 1981 a 1993. Em ano transformou a empresa em preferida dos consumidores e em uma geradora de caixa. Deixou a SAS para se tornar CEO e sócio da Transpool AB. Também é sócio de uma *venture* capital e de uma empresa de telefonia orientada para o consumidor Netnet.

Para isso criou uma política de atendimento clara: todo cliente deve ser atendido e toda a linha hierárquica deve saber de seus funcionários, que estão diretamente em contato com os clientes, o que é necessário para atender bem os clientes e prové-los com os meios solicitados.

Simples e objetivo, revolucionário e corajoso. Com esses atributos, Carlzon levou o grupo SAS a um sólido sucesso, durante sua gestão. Ele redefiniu relacionamento com consumidores formalmente!

Agora temos de finalizar a equação:

- Busca por eficiência (definida como capacidade de gestão e controle para atingir as necessidades dos clientes).
- Compreensão de necessidades e desejos dos consumidores.
- Função e impacto do que ocorre na linha de frente que resulta em resultado de caixa e relacionamento com clientes e estruturação da empresa para tanto.

Para fechar a equação, vamos passar por quatro etapas:

1ª etapa – CRM, o que é, seu funcionamento e as condições para ocorrer com sucesso.

2ª etapa – CRM como resposta à questão eficiência em marketing.

3ª etapa – Uma proposta teórica de visão de estrutura organizacional para o funcionamento do CRM.

4ª etapa – Resultados em CRM, a visão estratégica.

4.1 – Conceitos Fundamentais

Assim como qualquer outra disciplina, o marketing evoluiu muito nas últimas décadas e, de modo simplificado, podemos considerar basicamente três grandes evoluções.

A primeira, antes da década de 1980, conhecido como marketing de massa, no qual todos os produtos eram iguais e cujo objetivo era produzir a maior quantidade possível do produto para baratear o custo e ganhar *market-share*.

A segunda evolução ocorreu na década de 1980, na qual se percebeu que os clientes não eram todos iguais e existia um potencial para oferta de produtos e serviços diferentes, de acordo com a necessidade de grupos diferentes de clientes.

A terceira evolução manifestou-se na década de 1990, em que se percebeu que com a evolução da tecnologia as empresas poderiam personalizar seus produtos e serviços, conforme a necessidade dos clientes, ou seja, esse marketing refletia a alta customização dos produtos e serviços.

Para exemplificar melhor essas três evoluções, podemos utilizar o exemplo de uma empresa que fabrica abridores de garrafa.

Na primeira fase, a idéia era fabricar o máximo possível de abridores de garrafas para ganhar mais mercado, ganhar escala e baratear o preço e, assim, tornar-se a empresa mais competitiva.

Na segunda etapa, percebe-se que existem segmentos de mercado (pequenos ou não) de clientes que gostariam de comprar um abridor de garrafas mais bem trabalhado, não só com o objetivo de abrir garrafas, mas também com o de utilizá-lo como peça decorativa no barzinho de casa. Passa-se, então, a fabricar abridores bem mais sofisticados, cujo preço poderia ficar muito acima do preço do abridor comum fabricado para a grande massa de consumidores.

Na terceira fase, temos o marketing fundamentado na informação, ou seja, aliado às novas tecnologias. As empresas começaram a criar mais opções para que os clientes combinassem várias opções e montassem o seu abridor de acordo com o seu gosto e necessidade. O cliente passou, portanto, a personalizar o seu produto.

Um outro exemplo típico, na área de alimentação, é um restaurante existente em Nova York que funciona da seguinte maneira: quando os clientes entram na loja, recebem um aparelho *Palm* com o cardápio e as combinações que eles podem montar de acordo com o seu gosto. Depois que o cliente escolhe as opções que deseja, por exemplo, tipo do pão, recheios ou quantidade de maionese, clica na tecla *enter* e o *Palm* envia o pedido para a cozinha, para que preparem o sanduíche. Alguns minutos depois, o garçom traz o lanche solicitado. No momento em que o cliente recebe o sanduíche, tem a impressão de que o lanche foi feito exclusivamente para ele, de acordo com o seu gosto e a vontade de comer naquele momento. Isso pode ser um diferencial competitivo desse restaurante em relação aos seus concorrentes e pode gerar maior rentabilidade ao longo do tempo.

Na verdade a empresa permite que o cliente combine várias opções para montar um produto personalizado, mas dentro de sua capacidade de atendimento. Vale notar que não é o mesmo que chegar a um balcão de bar e montar um sanduíche, pedindo um pouco mais ou menos dos componentes do lanche – que já é um ótimo avanço na oferta de produtos e serviços.

Existe um conceito muito importante no marketing, conhecido como tempo de vida do cliente (em inglês, *life time value*), que representa a importância de conhecer os perfis demográfico e transacional do cliente. Esse conceito permite conhecer o potencial do cliente ao longo do seu tempo de vida e dessa maneira tomar decisões de negócios e marketing fundamentadas em quanto as empresas podem flexibilizar os seus preços, atendimento, produtos e serviços com o intuito de tentar reter esse cliente o máximo de tempo possível.

Imagine um alfaiate, dono de uma alfaiataria, com dois empregados. Certo dia chega um jovem na alfaiataria e diz que gostaria de encomendar o feitio de um terno. Após alguns minutos de contato, o dono da alfaiataria faz algumas perguntas e descobre que o jovem acabou de se formar, vai começar a trabalhar em um banco e, portanto, deverá utilizar terno, no mínimo, de segunda a quinta-feira (porque sexta normalmente é *casual day*). Olhando para esse futuro cliente, o dono ou vendedor mentalmente faz as contas de quanto tempo ele deve utilizar terno, por exemplo, dos 25 aos 55 anos, ou seja, por 30 anos, e supondo que ele compre dois ternos por ano, a um lucro de R$ 50,00 por terno, significa que esse cliente vai gastar, somente em terno, a quantia aproximada de R$ 3.000,00 (30 anos multiplicados por R$ 50,00 de lucro por terno, multiplicados por 2 ternos por ano). Nesse momento, sem saber, o vendedor calculou o valor do tempo de vida desse cliente. Agora imagine que depois de alguns dias esse cliente vá buscar o terno, leve-o para casa e volte no dia seguinte reclamando que a costura de uma das mangas não está totalmente reta. Nesse instante, o vendedor tem duas opções: a primeira é dizer ao cliente que o terno é feito à mão e, portanto, não é a mesma coisa que um produto industrializado e, ainda, convencê-lo de que isso está muito bom; a segunda é perceber que aquele cliente é um cliente potencial que gastará R$ 3.000,00 ao longo de sua vida, o que poderá ajudá-lo a se manter no negócio por várias décadas, e responder-lhe: "Pois não, vamos ajustar a costura e entregamos o terno em sua residência amanhã à tarde. Considerando a segunda opção, provavelmente o cliente vai sentir-se valorizado e pode voltar mais vezes. Em contrapartida, o dono da alfaiataria ganhou metade do lucro do terno (R$ 25,00), mas está apostando em cativar o cliente ao longo do tempo.

Esse tipo de raciocínio pode ser exercitado por praticamente todos os tipos de negócios, seja em ciclos de grande período de tempo de relacionamento com o cliente seja em pequenos períodos de tempo. Um exemplo da aplicação desse conceito em negócios de curta geração de tempo com o cliente seria o mercado da construção, no qual o cliente tem um grande relacionamento com as lojas de materiais de construção por apenas alguns meses, enquanto está construindo a obra. Vale o mesmo raciocínio, mas agora aplicado a um tempo muito menor, e quanto mais cedo o lojista identificar o estágio da obra mas poderá alavancar o lucro com os demais produtos ao longo dos três meses.

Para complementar as explicações mencionadas, um dado muito relevante publicado em uma revista americana afirma que o *life time value* (LTV) estimado de gastos em supermercado para uma família americana de quatro pessoas é de aproximadamente US$ 250 mil, o que quer dizer que, se determinado supermercado perder uma família no início do ciclo de vida, pode perder uma receita muito importante para a continuidade do seu negócio.

Outro conceito muito importante é a participação dos produtos da empresa em relação à demanda de cada consumidor (ou em inglês: *customer share* ou *share*). Esse conceito fica mais fácil de ser entendido se comparado com o conceito de participação da empresa no mercado (ou *market-share*). O *market-share* representa a participação dos produtos da empresa no mercado, por exemplo, considerando uma empresa fabricante de azulejos decorados finos, pode-se avaliar o total de metros quadrados vendidos em determinada região geográfica e em determinado período e dizer que uma empresa específica vendeu tantos metros quadrados para esse mercado e isso representa x% do total vendido.

No caso do conceito da participação do cliente, o foco é diferente, porque em vez de ser analisado o volume de produção e venda em relação ao mercado, os profissionais da empresa avaliam a quantidade de produtos que o cliente está consumindo da empresa. Utilizando o mesmo exemplo citado anteriormente, significa dizer que o ideal é que o cliente não compre somente o azulejo da empresa, mas também o piso e as louças. Cada novo produto que o cliente consumir da empresa significará mais venda e dinheiro. Esse conceito é muito utilizado para explorar os clientes atuais existentes na atual carteira da empresa e economizar dinheiro na conquista de novos clientes. Pode significar uma redução de custo de investimento de 6 a 10 vezes em relação à conquista de um novo cliente. A grande "sacada" é encontrar mecanismos para fazer com que os clientes consumam mais produtos oferecidos pela empresa.

Existe também um conceito denominado venda cruzada (*cross-selling*), que significa identificar e oferecer, aos clientes, novos produtos relacionados aos produtos que eles já consomem atualmente, ou seja, muitos produtos têm alguma relação entre si e, se forem oferecidos juntos, podemos potencializar as vendas da empresa. Por exemplo, quando uma pessoa compra macarrão, normalmente precisa de molho de tomate e queijo ralado, da mesma forma que aquele que compra frutas também consome mais cereais que os demais ou, ainda, quem compra pisos ou azulejos também necessita comprar massa e rejunte. Essa técnica é muito aplicada pelas empresas e exige que se entenda os consumidores ou que, por exemplo, mudanças na disposição dos produtos nas prateleiras podem gerar mais dinheiro no final de determinado período.

É necessário tomar muito cuidado para não confundir vendas cruzadas com vendas forçadas, que significa atender a demanda do cliente, mas, em contrapartida, oferecer um outro produto. Esse tipo de venda foi muito utilizado na indústria financeira e pode ser facilmente exemplificado da seguinte maneira: o cliente solicita um empréstimo bancário e, após conceder o empréstimo, o gerente oferece um seguro para ajudá-lo na campanha de incentivos atual.

Um outro conceito muito importante é a venda de melhorias no produto atual (em inglês *up-selling*), que significa melhorar o produto atual do cliente. Esse conceito permite atender a novas demandas do mesmo produto, o que gera um acréscimo de receita para a empresa, e é muito utilizado por empresas de cartões de crédito. Supondo-se que a empresa tenha milhares de clientes possuidores de cartão de determinada categoria que tenham condições necessárias para comprar um outro cartão com limite maior e benefícios melhores, ela pode oferecer este novo cartão ao cliente. Por exemplo, oferecer um cartão do tipo internacional aos clientes que tenham o cartão do tipo nacional. Quando se imagina apenas alguns cartões, o lucro gerado para a empresa pode ser muito baixo, mas, no caso de grandes bancos com milhares de clientes nessa condição, mesmo obtendo um percentual reduzido de retorno da ação de oferta comercial e de marketing, isso significa, muitas vezes, aumentar a receita em percentuais que gerem resultados muito significativos no final do ano.

Até aqui, tratou-se apenas de alguns conceitos básicos e importantes para a prática do marketing de relacionamento, mas é preciso deixar claro que todos eles só podem ser praticados com uma infra-estrutura tecnológica diferente da existente nas décadas anteriores, agora permitida pela evolução das novas tecnologias. Isso significa dizer que em razão das novas tecnologias e sua respectiva redução de preço, as empresas podem adquirir equipamentos (*hardware*), desenvolver programas de computadores avançados (*software*) e armazenar os dados demográficos e transacionais de seus clientes com o intuito de cruzar todos esses dados sempre que for necessário, transformando dados em informações e informações em negócios.

Muitas vezes as empresas adquirem um *software* de CRM e acreditam que, a partir desse momento, já estão praticando o CRM. Na verdade, os programas representam apenas a ferramenta necessária para a prática dessa estratégia; o mais importante é a aplicação dos conceitos no relacionamento e ações de marketing com os clientes.

Um outro conceito muito importante a ser observado são os ciclos do marketing. Esse conceito permite dividir o relacionamento da empresa com o cliente em várias fases diferentes, conhecidas, normalmente, como aquisição, desenvolvimento ou fidelização, retenção e reconquista de clientes.

O primeiro deles, a aquisição, aborda os conceitos básicos de identificar e definir estratégias para a conquista de novos clientes. Apesar de muitas empresas avaliarem somente a quantidade de clientes adquiridos ao longo de determinado tempo e concluírem que estão crescendo, muitas vezes, os clientes que estão conquistando são clientes de valor inferior aos existentes na base de clientes da empresa e os bons clientes que estão saindo estão sendo repostos por clientes de valor inferior. Isso significa dizer que o valor da base de clientes da empresa está se deteriorando e que provavelmente no futuro essa empresa terá um redução da sua receita, caso não compense com grandes quantidades de novos clientes. Pode até mesmo chegar ao ponto de a empresa perceber muito tarde o que está acontecendo, e isso vai exigir um esforço muito grande de crescimento de qualidade da base novamente.

O segundo ciclo do marketing é o de desenvolvimento ou fidelização de clientes. Esse conceito significa que, uma vez que já se conquistou novos clientes, se faz mister desenvolvê-los, ou seja, é preciso rentabilizar esse cliente para cobrir os custos iniciais de aquisição e aumentar o relacionamento com ele de maneira que fique mais difícil irem embora, e como dizem todos os profissionais de marketing do setor bancário, "quanto mais produtos o cliente tem, maior é a taxa de retenção de clientes".

O terceiro ciclo de marketing é identificar e reter os melhores clientes existentes nas empresas. Paretto diz que 20% dos clientes representam 80% dos resultados da empresa, o que significa que, se as empresas conhecerem com maior profundidade uma pequena parte de seus clientes, poderá retê-los e preservar a sua atual margem de lucro. O conceito muito utilizado no ciclo de retenção de clientes é o tempo de vida do cliente, ou o seu potencial ao longo do tempo, porque, se a empresa souber utilizar esse indicador, poderá flexibilizar políticas de preços, logística e de comunicação pensando no lucro futuro que esse cliente poderá gerar. Para ter uma idéia da importância desse ciclo, a taxa anual de *turnover* de clientes na indústria da telefonia móvel americana é de 20% a 30%. Nos grandes bancos de varejo, a cada cinco anos eles perdem 50% de suas bases de clientes. Segundo Ronald Swift, a experiência tem mostrado que empresas com foco na retenção conseguiram melhorias significativas nesse aspecto, retendo até 35% dos clientes que normalmente teriam ido embora.

O último ciclo de marketing é o de reconquista e significa identificar e reconquistar os clientes perdidos mais importantes. Partindo da premissa de que todas as empresas perdem diariamente clientes muito importantes (fazem parte dos 20% da regra de Paretto), isso significa dizer que sabemos quem são, qual o seu potencial de consumo e, muitas vezes, o motivo da saída. Portanto, reconquistá-los torna-se mais fácil e barato do que conquistar novos clientes, porque eles já conhecem a nossa marca, os produtos e serviços da empresa. Apesar disso, existe muita resistência e dificuldade em atrair novamente os clientes e, em geral, os percentuais de retorno são muito reduzidos.

Para exemplificar na prática os conceitos dos ciclos de marketing definidos anteriormente, podemos utilizar o exemplo de uma empresa que pratica muito esses conceitos no Brasil que é a Editora Abril. Supondo-se que a empresa faça uma ação para os alunos do último ano de um curso de administração de uma grande universidade paulista, utilizando-se de variações no composto de marketing, e consiga obter um bom percentual de vendas da revista *Exame*, nesse momento praticou o conceito de aquisição ou conquista de clientes. Considerando-se que o objetivo seja vender mais produtos para esses assinantes, após alguns meses, pode oferecer a assinatura de uma outra revista correlacionada a esse público, no caso a revista *Você S/A*; aqui está praticando o conceito da venda cruzada de produtos (ou *cross-selling*). Supondo-se que o cliente compre também esta revista e não compre as demais que normalmente são oferecidas, ele passou a ter dois produtos da Abril. Próximo à época da renovação, a empresa se esforça para que o cliente renove a assinatura das duas revistas para continuar com ele por mais um ano. Nesse momento a empresa está fazendo a retenção do cliente. Supondo-se que após alguns anos de assinatura o cliente cancele as duas assinaturas por determinada razão, caberá à empresa verificar o motivo do cancelamento e tentar, após algum tempo, reconquistá-lo. Se o motivo do cancelamento foi uma viagem de estudo no exterior, provavelmente será muito fácil reconquistar o cliente. Se o motivo, no entanto, foi insatisfação com o produto ou problemas de logística, a reconquista será muito mais difícil e será necessário preparar material muito mais especializado para as ofertas.

Conforme Ronald Swift, o processo de gerenciamento de CRM é composto de duas grandes etapas: Aprendizado e Ação. A fase de aprendizado contempla basicamente a análise e a descoberta do conhecimento. Já a Ação, o planejamento de mercado e a interação com os clientes.

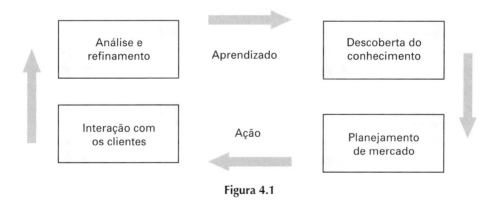

Figura 4.1

Os aspectos mais significativos do processo de CRM são o aprendizado contínuo e a criação do conhecimento a respeito dos clientes, a fim de atingir objetivos e obter maior lucratividade a longo prazo.

Desde o início da existência do marketing fala-se do conceito denominado valor da marca (em inglês, *brand equity*), que significa maximizar o valor da marca e extrair dela o maior retorno possível de investimento, ou seja, as empresas focam a qualidade do produto e dos serviços aos clientes como forma de construir o valor percebido da marca. Com a aplicação do novo conceito de CRM, criou-se um novo conceito denominado Valor do Cliente (em inglês, *customer equity*), que valoriza não a marca, mas o cliente. Valor do Cliente é compreender o cliente como um recurso financeiro que as empresas devem medir, gerenciar e maximizar, como qualquer outro recurso. Ou seja, é muito mais do que um simples método de calcular o valor do relacionamento do cliente; é um sistema integrado de marketing que utiliza os dados dos clientes e as técnicas de avaliação financeiras para otimizar a aquisição, venda e retenção de produtos e serviços adicionais durante o relacionamento do ciclo de vida do cliente. Desse modo, enquanto a propaganda cria a imagem e o posicionamento da marca no *brand equity*, no *customer equity* cria-se afinidade com os clientes. Enquanto no *brand equity* a promoção esgota o valor da marca, no *customer equity* criam-se compras repetidas e aumenta-se o ciclo de vida dos clientes.

De acordo com Ronald Swift, os principais objetivos e benefícios de um processo de CRM são:

- A capacidade de reter os clientes mais importantes e os canais lucrativos para ampliar o negócio.
- A obtenção de clientes certos, com base em características conhecidas ou aprendidas, que dirigem o crescimento e as margens crescentes.

O aumento das margens individuais dos clientes e, ao mesmo tempo, a oferta do produto certo no momento certo.

Além disso, é de suma importância no processo de formulação da estratégia:

- Saber quem são os clientes e quem são os melhores clientes.
- Estimular as compras dos clientes ou saber o que eles não vão comprar.
- Saber a hora e como os clientes compram.
- Conhecer as suas preferências e torná-los clientes leais.
- Definir as características que fazem com que o cliente seja grande/lucrativo.
- Modelar canais que são melhores para atender às necessidades dos clientes.
- Predizer o que os clientes podem ou vão comprar no futuro.
- Reter os melhores clientes por muitos anos.

Existem inúmeras definições de CRM. Segundo Philip Kotler:

O *Customer Relationship Marketing* permite que as empresas ofereçam aos clientes excelente serviço em tempo real ao estabelecerem um relacionamento com cada cliente valioso por meio do uso eficiente de informações de cada conta individual. Com base no que sabem sobre cada cliente, as empresas podem personalizar suas ofertas ao mercado, seus serviços, programas, mensagens e seus meios de comunicação.

Conforme Don Peppers e Martha Rogers, criadores do conceito *one-to-one*, "o CRM é uma estratégia de negócio voltada ao entendimento e à antecipação das necessidades dos clientes atuais e potenciais de uma empresa".

Do ponto de vista tecnológico:

"CRM envolve capturar os dados do cliente ao longo de toda a empresa, consolidar todos os dados capturados internamente e externamente em um bando de dados central, analisar os dados consolidados, distribuir os resultados desta análise nos vários pontos de contato com o cliente e utilizar esta informação ao interagir com o cliente por meio de qualquer ponto de contato com a empresa."

Do ponto de vista de sistemas, "é a integração dos módulos de automatização e gerência de vendas, *telemarketing*, serviço de atendimento e suporte ao cliente, automação de marketing, ferramentas para informações gerenciais, *web* e comércio eletrônico".

Unindo as definições mencionadas, podemos afirmar que CRM é uma estratégia ou modelo de negócio centrado no cliente, o qual a empresa pratica ou não pratica.

Os componentes básicos para a prática do CRM são: informação, *hardware*, *software*, análises e modelagem, programas de marketing e pessoas. Apesar de no passado as empresas obedecerem à ordem de implantação, hoje descobriu-se que o certo é considerar os itens de trás para frente, ou seja, as pessoas, no caso os funcionários, são o ponto mais importante da prática do CRM. Antes de começar o projeto, precisa-se desenvolver programas de treinamento especializados para cada uma das áreas da empresa, identificar os funcionários que têm facilidade de praticar essa visão e até mesmo trocar os funcionários de acordo com sua aptidão. O segundo componente é entender claramente o que a empresa precisa naquele momento ou nos próximos meses para se distanciar dos concorrentes e definir os programas de marketing que serão desenvolvidos, para depois reunir os dados necessários, comprar o *software* e o *hardware* necessários.

Considerando-se que para praticar o marketing de relacionamento é necessário capturar e analisar os dados e entender o comportamento dos clientes, os profissionais de marketing passaram a capturar e centralizar todos os dados dos clientes em uma única base de dados denominada Base de Dados de Marketing (ou *Database Marketing*). Assim, tornou-se possível manusear os dados dos clientes e entender o seu perfil, como executam as transações, as quantidades médias mensais adquiridas e até mesmo se pararam ou não de adquirir o produto. Após algum tempo, percebeu-se que essa base de dados administrada, até então, somente pela área de marketing era muito valiosa e poderia auxiliar também as tarefas das demais áreas da empresa; criou-se, então, o conceito denominado de Repositório de Dados, ou como é conhecido *Data Warehouse*, ou simplesmente DW. A grande vantagem do DW é que passou a centralizar todas as informações necessárias da empresa para que fosse praticada a visão "cliente na empresa" e não só a visão "cliente apenas pelo marketing". Dessa maneira, todas as áreas extraem as informações de uma única fonte para a realização de seus trabalhos e esses dados são cuidadosamente analisados e definidos antes do arquivamento no DW. A extração de dados do DW para uma finalidade específica é denominada *Data Mart* ou DM. Por exemplo, quando o diretor comercial precisa definir as metas de vendas dos próximos meses solicita a um analista de marketing ou tecnologia gerar uma base para sua análise, ou seja, um *Data Mart* e não um DW, porque a base foi criada para uma finalidade específica. O mesmo ocorre quando o profissional de marketing solicita uma base que contenha os clientes perdidos para entender quem são eles e desenvolver ações de reconquista de ex-clientes.

Um ponto muito importante a ser comentado é a necessidade de pessoas especializadas em análises de dados de clientes, capazes de converter dados em informações e posteriormente em ações que gerem negócios.

Ao longo do tempo as empresas perceberam que precisavam ter funcionários com formação específica em manuseio de dados, também conhecido como mineração de dados (em inglês, *data mining*), e começaram a contratar profissionais de diversas áreas de exatas para desenvolver essas análises. Encontram-se comumente profissionais das áreas de estatística, matemática e engenharia trabalhando na área de marketing, os quais convivem lado a lado com o pessoal de comunicação.

Considerando as várias dimensões do CRM, podemos dividi-lo em três partes, de acordo com a finalidade:

- o operacional;
- o analítico; e
- o colaborativo.

O CRM Operacional focaliza basicamente sistemas, refere-se às aplicações da tecnologia da informação para melhorar a eficiência do relacionamento entre os clientes e a empresa e prevê a integração de todos os produtos de tecnologia para proporcionar o melhor atendimento ao cliente.

O CRM Analítico volta sua atenção, exclusivamente, para análises, refere-se s análises de dados contidos nas bases de dados, permite identificar e acompanhar diferentes tipos de clientes e definir as estratégias para atender à necessidade dos clientes e utiliza os recursos de mineração de dados, inclusive ferramentas estatísticas.

O CRM Colaborativo evidencia os contatos e refere-se ao uso da tecnologia de informação na automação e integração entre todos os pontos de contato do cliente com a empresa e dissemina as informações para a força de vendas, *call-centers*, *sites* de comércio eletrônico etc.

Apesar de os profissionais dos mercados nacional e internacional terem clara a importância da prática do CRM como um diferencial competitivo, poucas empresas realmente levam a efeito essa nova estratégia de negócio. As principais dificuldades encontradas são: foco excessivo em tecnologia e aplicações e em redução de custos; poucos esforços para transformar os recursos disponíveis focados no cliente; as pessoas não estarem tomando atitudes alinhada perfeitamente com as estratégias da empresa; coordenação do projeto por uma só área; treinamento e suporte deficientes; dificuldades de mudar a cultura da empresa; e dificuldade de adaptar e atualizar os sistemas de legados.

A implantação do DW (*Data Warehouse*) é muito similar à implantação de sistemas corporativos, ou seja, 70% dos projetos de DW falham. Consoante o Gartner Group, quando se analisa o sucesso da implantação de *softwares*, 60% dos projetos de implantação de CRM falham, isso só para ter uma clara idéia da dificuldade de implantar a estratégia de CRM nas empresas.

Apesar de as estatísticas passarem um cenário pessimista, temos de considerar que o fato de o projeto não ter sido desenvolvido dentro do prazo já é uma falha e que muitas empresas brasileiras praticam a maior parte dos conceitos de CRM. Por exemplo, a indústria farmacêutica, por meio dos propagandistas, capturam dados dos médicos, armazenam e utilizam esses dados para a realização de ações de marketing e contato. Nesse caso, chegam até a definir o perfil psicográfico (características, atitudes e comportamentos) dos médicos.

Analisando a estatística, a seguir, publicada na revista "Developing and implementing a CRM Strategy", podemos concluir que o mercado ainda está em fase de crescimento e significa que nos próximos anos as empresas investirão muito dinheiro em todos os componentes do CRM, principalmente pessoas:

Tabela 4.1 – Crescimento dos sistemas integrados de CRM nos EUA.

Ano	US$ bilhões
1999	12,8
2000	15,4
2001	17,0
2002	20,0
2003	23,0

Nesses últimos anos, temos visto no mercado brasileiro muitas iniciativas, principalmente em montagem da base de dados dos clientes (DW), mas ainda existe muito a ser desenvolvido em termos de gerenciamento de campanhas, gestão de contatos e treinamento.

Uma forma bastante simples de entender o marketing de relacionamento é o conceito dos 4 Cs:

Tabela 4.2

O produto certo	O quê?
Para o cliente certo	Quem?
No momento certo	Quando?
No canal certo	Como?

A idéia principal é entender quem são os nossos clientes para oferecer o produto certo, para o cliente certo, no momento certo e no canal certo.

Com o objetivo de praticar o conceito de CRM, as empresas estão criando, com a ajuda de empresas especializadas em marketing direto, programas denominados de fidelidade cujo intuito é fidelizar os clientes na empresa. Citaremos alguns exemplos de casos brasileiros.

O primeiro exemplo é o que foi implantado pela videolocadora Blockbuster, em julho de 2003. O programa tem como objetivo fidelizar o público infantil, crianças de 3 a 12 anos, faixa etária que – segundo pesquisa realizada pela companhia – tem grande influência na decisão de compra e aluguel de vídeos/DVDs dos adultos. O programa batizado de "turma do sofá" inclui o lançamento de um *kit* promocional e de um cartão exclusivo para associados mirins, que oferece, entre outras vantagens, locações gratuitas durante o mês. A idéia é fortalecer o vínculo da empresa com o público infantil e, conseqüentemente, ampliar o volume de negócios em toda a rede espalhada no Brasil. A escolha do público-alvo foi priorizada, porque as crianças não só alugam muito, como convencem os pais a comprarem as fitas/DVDs. As pesquisas mostram que uma criança chega a assistir até 25 vezes um mesmo filme. A meta inicialmente estabelecida para o programa era cadastrar, em seis meses, cerca de 100 mil crianças. Como benefício, as crianças sócias ganham uma locação grátis, sempre no dia 12 de cada mês, e se o titular da conta alugar o "Block3" ou o "Block4", as crianças também têm uma locação grátis. O primeiro é válido entre domingo e quarta-feira e consiste em um dia a mais de locação para quem levar três filmes. O segundo funciona de quinta-feira a sábado e também garante um dia a mais de locação a cada quatro fitas alugadas. A campanha publicitária foi desenvolvida pela DM9DDB e contou com filmes para TV e cinema.

Outro exemplo é o do grupo ACCOR no Brasil, que desenvolveu um plano de fidelidade e atraiu clientes em um ano difícil para a rede hoteleira. De origem francesa, a Accor Hotéis é o maior operador de hotéis e *flats* no Brasil, com mais de 102 unidades em funcionamento e 73 a serem inauguradas em 2005, com as marcas Sofitel, Mercure, Novotel, Parthenon, Ibis e Fórmula 1. Aproveitando toda a diversidade de marcas e públicos, desenvolveu uma ferramenta comum a todas as marcas: o Cartão de Fidelidade Compliment. Esse cartão foi criado em 2001 e pode ser utilizado somente no Brasil, em todas as marcas mencionadas. Uma grande particularidade desse programa foi a cobrança de uma taxa, no valor de R$ 29,00, para os clientes se associarem com validade de dois anos. Utilizando o cartão, para cada R$ 1,00 gasto, em hospedagem, o associado ganha dois pontos que somados dão direito a diárias de cortesia. Foram investidos R$

1,5 milhão para implantar o Compliment no Brasil e o retorno foi rápido. A meta de associados no primeiro ano era de 10.000 e foi facilmente ultrapassada com 30.000 associados. De acordo com o diretor de marketing da empresa, a fidelidade gerada pela expectativa dos benefícios decorrentes do uso do cartão é um diferencial decisivo, especialmente em mercados muito competitivos como o paulistano. No ano de 2002, a média de ocupação dos hotéis de São Paulo ficou em torno de 40%, enquanto a Accor conseguiu média de 50%. Em um ano em que todo o mercado hoteleiro encolheu, o grupo cresceu 3%.

Outro importante item a ser avaliado é a compra de listas de pessoas, conhecidas também como *mailings*. Considerando que o objetivo básico do marketing de relacionamento é conhecer melhor os clientes (perfil demográfico, transacional e atitudinal), muitas vezes as empresas precisam capturar ou adquirir dados existentes no mercado sobre os seus clientes e *prospects*. Para isso há empresas especializadas no mercado brasileiro que podem nos vender determinados dados públicos ou colhidos por iniciativas próprias. A legislação brasileira é muito clara nesse sentido e determina que os dados dos clientes só podem ser comercializados mediante autorização deles. Apesar de existirem muitas empresas que prestam esse serviço no mercado brasileiro, para exemplificar, serão citadas apenas duas delas. Uma delas é a empresa denominada Datalistas, uma empresa do Grupo Abril que comercializa os dados dos assinantes das revistas da Abril. São mais de 12 milhões de nomes e uma parte deles com informações detalhadas inclusive sobre dados psicográficos dos clientes (qual o *hobby*, que jornais assina, estilo de vida etc.). Para ter uma idéia mais clara, além de obter as informações, pode-se, também, selecionar o público especificamente desejado, por exemplo, mulheres que moram na região de atuação do negócio, com perfil inovador e potenciais a comprar o produto x. Esses dados são utilizados basicamente para duas finalidades: uma é enriquecer os dados dos clientes e outra captar dados de *prospects*.

Os preços variam de acordo com a finalidade (mala-direta ou *telemarketing*) e também com a quantidade de utilizações. São mais de 70 atributos e o cliente ainda pode contar com a assessoria da empresa para selecionar seu público-alvo e até a apuração dos resultados.

A outra empresa é a HSM. Diante dos dados dos participantes de eventos patrocinados pela HSM, a empresa solicita a autorização dos clientes para oferecer esses dados aos compradores e, se eles concordarem, efetua a comercialização. Os principais *mailings* comercializados são os dos executivos do país e de estudantes.

Um ponto muito importante a ser tomar muito cuidado é a comercialização de listas ilegais que desestimulam o mercado de listas honestas.

A ferramenta de marketing utilizada para o contato individual com cada cliente é o marketing direto, que está se desenvolvendo rapidamente e criando uma consistência de aplicação muito grande no mundo todo, em virtude, principalmente, das ações de marketing de relacionamento praticadas pelas várias empresas.

Segundo a definição da associação de marketing direto americana, Direct Marketing Association (DMA), marketing direto é um sistema interativo de marketing que utiliza uma ou mais mídias de propaganda a fim de produzir resposta e/ou transação mensurável em qualquer lugar.

As principais diferenças entre o marketing direto e as outras disciplinas de marketing são as as abordadas a seguir.

O marketing direto é interativo, ou seja, é uma comunicação individualizada entre a empresa e o cliente. Envolve uma ou mais mídias, isto é, a combinação de mídias é freqüente e mais produtiva. As respostas são mensuráveis, porque tudo pode ser medido: o custo da ação, a receita gerada da venda dos produtos/serviços e a taxa de retorno. Além de tudo isso, ainda pode ser realizado em qualquer lugar, ou seja, as transações ocorrem por telefone, correio e visita pessoal.

De acordo com Bob Stone, as mídias de marketing direto são: a mala-direta, o telefone, e também a mídia eletrônica (televisão, rádio e TV a cabo).

Um recurso muito utilizado no mercado é a combinação de ferramentas de marketing direto, por exemplo, enviar a um mesmo público-alvo uma mala-direta, depois ligar para o cliente e, posteriormente, agendar uma visita pessoal.

Ainda segundo Bob Stone, as chaves para obter sucesso em ações de marketing direto são:

- Oferecer os produtos e serviços corretos aos clientes – Aqui deve ser avaliado se o produto/serviço possui características exclusivas, se a embalagem cria uma boa impressão inicial, se a margem de lucro é suficiente e se o preço realmente é justo.

- Escolher a mídia correta – Significa definir corretamente o público-alvo e escolher as mídias corretas que respondam às perguntas: As ofertas estão adaptadas ao mercado? As ofertas são adaptadas aos objetivos?
- Definir a oferta certa – Significa verificar se a oferta é realmente o mais atraente possível, se leva a um ciclo automático de recompra e se o preço de lançamento é o ideal.
- Os formatos certos – No caso de mala-direta, verificar se o formato é o ideal para a oferta. No caso da mídia impressa, verificar se os anúncios são adequados aos produtos. E na mídia eletrônica, se os comerciais são adequados aos produtos.
- Os testes certos – Implica verificar se foi determinado o melhor período de tempo e freqüência de oferta, se foram determinadas as melhores áreas geográficas e se utilizam quantidades adequadas para o teste.
- Realizar análises certas – Aqui o principal ponto é verificar se as análises estão sendo realizadas periodicamente.

Existem vários tipos de ofertas que podem ser consideradas no marketing direto. São elas:

- Informações grátis, quando a empresa fornece informações gerais ou específicas sobre os seus produtos/serviços.
- Amostra, quando a empresa envia amostras do produto para as pessoas experimentarem os seus produtos.
- Venda cruzada, quando o cliente já tem um produto e é oferecido um novo produto correlacionado com o atual, porque a empresa determinou pelo comportamento dos consumidores que pessoas que têm ou compram determinado produto também compram outros determinados produtos.

Para ter uma idéia da quantidade de malas-diretas enviadas por ano aos habitantes de determinado país, será utilizada uma pesquisa realizada pela revista *American Demographics*, de Jeniifer Laack. Os Estados Unidos são o país com maior concentração de malas-diretas enviadas anualmente *per capita*: são mais de 350 malas por habitante, ou seja, aproximadamente 29 por mês. Em segundo lugar está a Suíça, com 9 por mês, em terceiro a Alemanha, com 6, e em quarto a França, com 4.

E no Brasil? Quantas malas-diretas de ofertas de produtos/serviços você recebe por mês?

Um outro item importante para conhecermos é o percentual de resultado de cada um dos componentes da mala-direta. Consoante Bob Stone e Ron Jacobs, no livro *Successful Direct Marketing Methods*, a lista do público-alvo mais a mídia representam 40% dos resultados obtidos pelas malas-diretas. A promoção representa 30%, o texto, 15% e o *layout* da peça, mais 15%.

Os dois últimos (texto e *layout*) representam a criatividade e normalmente são definidos pelas agências de marketing direto existentes no mercado.

4.2 – CRM Como Resposta à Questão "Eficiência em Marketing"

Como vimos, o CRM tem a função de trazer para a empresa o conhecimento de sua base de clientes ou de *prospects*.

Assim, cada ação tomada pela empresa passa a ser acompanhada de uma forma diferente do que era antes.

Por exemplo, antes de investir em uma campanha nacional de vendas, com custo alto em veiculação, um piloto em uma praça selecionada poderá mostrar quais de seus clientes ou *prospects* de fato reagem àquela campanha. Uma pesquisa posterior em sua base de clientes mostrará quem são os clientes, quais as reações anteriores à campanha e quão bons foram os resultados obtidos. Essa metodologia permitirá a tomada de decisão, não apenas binária, entre manter ou não a campanha, mas também em substituí-la ou não por outra, ou por outra mídia.

Outro ponto de relevância é sobre a existência de atendimentos multicanais. A necessidade de atendimento a pedidos e reclamações e obviamente de novos negócios tomou uma proporção diferente em empresas que oferecem diferentes canais de acesso para o cliente.

Tomemos como exemplo instituições financeiras de uma forma geral.

O cliente pode ter atendimento pessoal em uma de suas lojas (agências), pode ter atendimento via telefone, *fax*, Internet, correio, EDI – (*Electronic Data Interchange*), ou qualquer canal que trouxer conveniência ao cliente na escala de atendimento, revertendo para a empresa uma redução de custos e maiores e melhores resultados para a instituição.

Assim, as instituições financeiras, como tantas outras empresas de outras indústrias, passaram a ofertar diferentes canais de atendimento a seus clientes, o que gerou uma nova questão que trata da eficiência de cada canal do ponto de vista de atendimento e negócios. Além da conveniência gerada para o cliente, haverá em cada canal uma possibilidade de negócios?

Quando um cliente é convidado para uma compra ou experimentação, fará diferença o canal para o qual ele foi encaminhado?

Além disso, existe diferença de resultado em função da oferta feita ao cliente? Intuitivamente a resposta será "sim". Aliás, claramente sim! Como definir qual oferta para qual cliente? Mais do que isso, qual o potencial de resultado com base na oferta? A oferta de um desconto será mais eficiente do que um brinde? Quais clientes se sensibilizarão mais com qual tipo de oferta? Consoante Bob Stone[2], apenas em marketing direto existem trinta e um tipos de ofertas prováveis, que podem ser combinadas entre si. No entanto, segundo ele, o desafio é que "as ofertas devem ser comercializadas adequadamente junto aos *targets* objetivados".

É importante considerar o fato de que clientes têm tempos e processos diferentes de decisão. Assim, o relacionamento deve ser entendido como um resultado de transações, negócios, ofertas e reações anteriores. Dessa forma, cada cliente terá uma possibilidade de reação, a cada momento, diferente do que teria em outros momentos.

Portanto, devemos ter claro quem são os clientes que deverão receber um estímulo ou uma oferta e, principalmente, quando.

A eficiência em marketing será alcançada quando forem obtidas as respostas às seguintes perguntas:

- Quais clientes?
- Para que oferta?
- Quando devo contatar os clientes?
- Quais canais devo oferecer/utilizar para que a ação se realize?

---

2. STONE, Bob. *Marketing direto*. 2. reimpr. São Paulo: Nobel, 2002. p. 63 a 72.

Não se pretende com isso revogar necessidades imediatas das empresas, como a desova de um eventual estoque ou o fechamento de um canal altamente deficitário, mas, sim, fazer com que qualquer um desses processos gere uma relação do tipo ganha-ganha, por meio da gestão efetiva do processo e que, mesmo em uma situação mais drástica, o produto ou serviço seja rapidamente direcionado para o cliente com maior benefício em recebê-lo.

Eficiência em marketing então, do ponto de vista da gestão do relacionamento com o cliente, passa a ser a capacidade de entendimento e compreensão, portanto de atuação sobre cada um dos clientes de sua base, podendo-se medir o desempenho de cada ação, confrontá-lo com outros desempenhos, compará-lo com os alvos que se tinha, avaliar o impacto em nível se satisfação da base de clientes e reiniciar o processo a qualquer momento, com resultados previsíveis e satisfatórios para a empresa e o cliente, como ocorre em qualquer linha de produção.

4.2.1 – CRM como Eficiência em Marketing: O Papel da Tecnologia

Para que ocorra o descrito anteriormente, o suporte de tecnologia será tão mais imprescindível quanto for o tamanho da base de clientes e *prospects*, o número de produtos e serviços e ofertas prováveis, o número de canais de atendimento e condições comerciais.

Quando existir um pequeno número de cada uma das entidades mencionadas, no limite, um único vendedor poderá saber, de cor, todas as transações feitas pelo cliente, qual a motivação de compra do cliente, qual deverá ser a próxima oferta, principalmente se ele tiver uma orientação clara para quais são as razões que o cliente necessita de seu produto ou serviço. Logo, deverá existir um processo para saber do que e quando o cliente necessita.

O vendedor registrará as informações e voltará no tempo certo com o cliente, com a oferta certa. Ele deverá conhecer as fontes de receita do cliente e suas despesas, deverá entender o papel que seu produto ou serviço desempenham na cadeia de geração de valor do cliente (em caso de B2B[3]) ou qual o papel na vida do cliente (B2C[4]). Deverá também acompanhar as mudanças de condi-

---

3. Nota do autor: B2B, do inglês *business to business*, refere-se a duas instituições realizando negócios.
4. Nota do autor: B2C, do inglês *business to consumer*, refere-se a uma instituição que focaliza um ou mais consumidores finais.

ções na vida de seu cliente, as quais possam mudar a utilização ou a destinação do produto ou serviço, como a aquisição de um outro com valor agregado maior, ou mesmo a total substituição de um eventual produto ou serviço. Aqui, quanto mais rápido for o vendedor, maior a possibilidade de resultado, pela construção eficiente de oferta, negociação embasada em conhecimento e oferta comercial que faça sentido do ponto de vista do cliente.

O que ocorrerá, no entanto, quando o mesmo vendedor tiver mil clientes, cem produtos e conviver com mais "n" canais em que os clientes interagem?

Sem a existência de tecnologia suportando, acompanhando, gerando informação e proposta para esse vendedor, ele dificilmente poderá ter qualquer proatividade em relação a sua base de clientes. E, mesmo que tivesse, esta se restringiria a uma pequena quantidade deles.

Finalmente, para que isso ocorra repetidamente ao longo do tempo, deve haver um processo. Esse processo é o que passaremos a chamar de "processo de relacionamento comercial".

O ponto principal a ser destacado é que o processo de "relacionamento comercial" não deve jamais estar subordinado à tecnologia e sim o contrário. Ou seja, a equipe de tecnologia não deve e não pode, sob o risco de gerar resultados negativos, propor qualquer projeto que tenha impacto no processo de relacionamento comercial sem antes ter descrito e compreendido completamente o processo.

Todas as alterações que o projeto de tecnologia previr que tenham impacto sobre ele devem ser discutidas e analisadas com a equipe que vai utilizá-la, e, neste momento, referimo-nos não apenas à equipe de vendas, mas também a qualquer canal que tiver contato direto com o cliente.

Em última análise, o projeto de TI (Tecnologia de Informação) deverá estar 100% alinhado com o processo de relacionamento comercial, e jamais o contrário.

Desse modo, o primeiro processo descrito (no caso de o vendedor ter apenas um cliente) é o que importa. A tecnologia tem a função de viabilizar o mesmo processo em ambientes mais complexos, e nada mais. Ou seja, em CRM a tecnologia é uma solução para o atendimento em larga escala, que deve possibilitar a tradução da realidade do processo de relacionamento comercial que a empresa deseja ter.

Muitas questões deverão nascer ao se falar em gestão de relacionamento com o consumidor; porém, a última que deve ser endereçada para discussão e solução é, definitivamente, a tecnologia, pois embora tenha papel determinante no sucesso do projeto de CRM, sem a clara definição de objetivos e do que é a gestão de relacionamento com o cliente e o que dela se espera em diferentes prazos, a possibilidade de a compra da tecnologia gerar resultados positivos será, no mínimo, não previsível. Também é crença de mercado que a compra de tecnologia deverá ser o maior investimento a ser feito no processo de implantação de um CRM.

No entanto, os investimentos em treinamento, implantação, integração podem chegar a múltiplos do investimento feito no pacote de CRM. Tanto maiores serão estes outros investimentos, e provavelmente menos efetivos, quanto distante do processo de relacionamento comercial tiver sido a construção e a implantação do projeto de tecnologia. Isso não significa, em absoluto, que a tecnologia terá meramente o papel de automatização.

O ponto é que qualquer melhoria do processo e mesmo modificação dele deverá ser feita a partir dele. Se houver necessidade de ruptura, ela deve ser suportada por quem tenha legitimidade com os usuários, antes da implantação da tecnologia, o que evitará que uma tela de computador se torne uma discussão, ou, pior, vire a resposta pela queda em produtividade, ou, ainda, não seja utilizada.

E se a avaliação do processo mostrar que ele é improdutivo, que tem falhas e deve ser alterado? Então certamente ele deve ser alterado, porém o usuário deve ter claro que ele deve ser alterado apesar da tecnologia e não por causa dela!

Portanto, a tecnologia deve representar para o usuário final um ganho em produtividade e uma redução de trabalho e nunca uma ameaça ou a comprovação de erros e ineficiências. Em última análise, deve fazê-lo sentir-se mais satisfeito, produtivo e aceito com o seu trabalho.

Como deve ser iniciada a descrição de processo? É necessário, primeiramente, conhecer quais são os pontos de contato com os clientes e quais tipos de transação e informações são geradas por eles em cada ponto de contato, conforme a tabela:

Tabela 4.3

Quais Clientes	Qias Pontos de contato?	Quais Interações/ transações	Quais informações Geradas	Quais informações conhecidas	São armazenadas?	Sistema u=único ou nome do sistema

Os próximos passos serão a descrição do que se faz com as informações, quem as utiliza e quanto, para quê (descoberta ou teste de hipóteses), quais os processos de realimentação de informações, qual a distribuição delas, quais as alçadas de visualização.

Um diagrama multidimensional que mostre a relação entre essas informações e as ações mais prováveis pode também ser construído, porém essa primeira fase, bem descrita, será por si só um passo relevante. Em seguida, a construção da arquitetura do CRM, que contenha o banco de dados que o suporta, se ele é ou não um DW, as entradas das informações e as saídas para todos os usuários, não diretamente relacionados ao processo, mas que participam da cadeia de criação de valor para o cliente, deve ser feita.

4.3 – Uma Proposta Teórica de Visão de Estrutura Organizacional para o Funcionamento do CRM

Até aqui foi definido o que é o CRM, como ele se posiciona no que diz respeito à geração de eficiência para a empresa, pela eficiência na área de marketing, direcionando recursos e gerando possibilidade de acompanhamento efetivo dos recursos direcionados, e como ele deve ser implantado, iniciando-se pela avaliação do "processo de relacionamento comercial" e nascendo a partir dele e não apesar dele!

Também é importante imaginar qual o impacto da estrutura organizacional no resultado *para o cliente, do ponto de vista dele*. Convidamos o leitor a imaginar qual o resultado direto para o cliente de uma estrutura funcional formal, de qualquer organograma de empresa que conhecemos.

Segundo Hitt[5], uma estrutura organizacional de uma empresa tem o papel formal de dar andamento a processos, governança e mecanismos de controle e autoridade e processos de decisão. Ela é influenciada por fatores situacionais, incluindo o tamanho e a idade da empresa. A estrutura organizacional reflete as determinações dos dirigentes sobre o que a empresa faz e como ela faz, dada a estratégia escolhida. Competitividade estratégica apenas pode ser obtida quando a estrutura definida é coerente com a estratégia definida.

Hitt traz ainda várias propostas de modelo de estrutura e as descreve em função da estratégia provável e dos controles necessários, como, por exemplo, estrutura simples, estrutura funcional, estrutura multidivisional, todas produzidas sob a mesma ótica, ou seja, tarefa *versus* hierarquia, dada a estratégia, com um perfil que nos é familiar, genericamente descrito como o que segue:

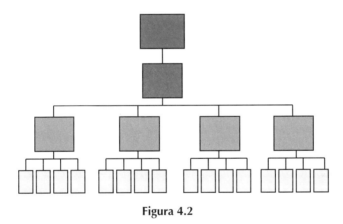

Figura 4.2

Essa teoria é a que funciona para as estratégias definidas, está testada, tem resultados comprovados e é adotada pela maior parte das empresas, independentemente de seu porte.

Retornemos, porém, a Jan Carlzon, que, em sua provocativa proposta, disse que a inversão do conceito de hierarquia, como a de construtor de talentos e recursos para o atendimento à hora da verdade, faria com que a empresa tivesse resultados acima da média, conforme a proposta de qualquer planejamento es-

---

5. HITT, Michael A.; IRELAND, R. Duane; HOSKISSON, Robert E. *Strategic management, competitiveness and globalization.* South-Western College Publishing, 2002.

tratégico. Executou e comprovou seu resultado, o que ele chamou de "achatar a pirâmide"[6].

Por ocasião da implantação dos modernos processos de CRM, no entanto, uma das questões mais descritas como críticas para a implantação é a necessidade de mudança da estrutura ou mesmo da mudança da cultura da organização.

Por si só esse tipo de desafio é tão grande e tão custoso e, porque não dizer, tão arriscado, que podemos inferir que se ese é o caminho crítico para a implantação do projeto, então ou o projeto está errado ou não tem sustentação no mundo prático.

É claro que isso não significa que os projetos devam ser abandonados, mas, sim, que independentemente do que está descrito no organograma da empresa, ainda não carrega em si o conceito de cadeia de agregação de valor para o cliente. Na realidade, deixa que essa cadeia fique dispersa no desenho do organograma da empresa, representado pelas tarefas de cada caixa do organograma, diante da necessidade de confecção de um produto ou serviço, o que tende a gerar, por si só, uma visão dispersa do cliente, onde cada ponto de contato sesubordina a uma hierarquia e tem metas de custo e resultado independente de outra áreas.

Portanto, faz-se aqui uma proposta nova de organograma, incluindo o cliente como entidade do organograma e, apesar da manutenção da necessária função hierárquica, temos um desenho em que a prioridade é a cadeia de criação de valor para o cliente.

Note-se que a proposta não é a criação de vínculo hierárquico, por exemplo, entre a área de RH e a tecnologia, e sim, com base no conhecimento adquirido do planejamento estratégico e na visão clara das áreas que atendem o cliente (no centro do modelo), que o RH saiba claramente quais atividades devem ser desenvolvidas por todas as áreas da empresa e tenha como desenvolver métrica de acompanhamento de resultados, remuneração e carreira, partindo do cliente, e não de metas intermediárias.

No centro do modelo, o cliente passa a ser atendido sempre por um binômio, canal de atendimento + produto ou serviço (descrito no modelo por nú-

---

6. CARLZON, Jan; LAGERTRÖM, Tomas, *A hora da verdade*. Rio de Janeiro: COP Editora, 1985. p. 61.

meros, que representam pacotes diferentes entregues em canais diferentes[7]). Esse binômio tem uma cadeia de agregação de valor clara, na qual alguma outra equipe de *back office* é responsável por gerar/materializar a entrega.

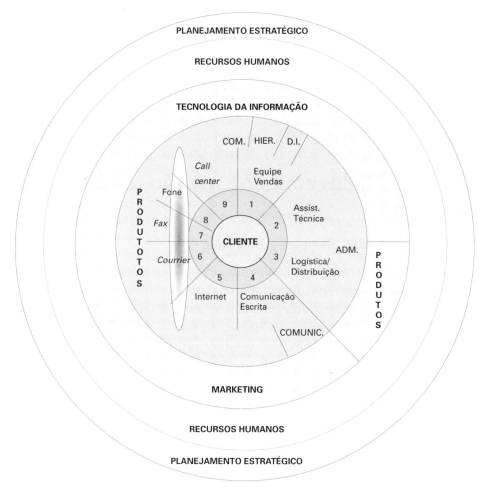

Figura 4.3

---

7. [Nota do autor] A razão da existência de produtos ou serviços diferentes por canal é baseada em evidência prática. Porém a avaliação dos pontos de contato deve levar em consideração as necessidades e desejos dos clientes, o custo e escala de atendimento. Deve também considerar a capacidade de geração de novos negócios e a existência ou não do serviço que está sendo oferecido pela concorrência.

O modelo prevê, assim, que toda a organização seja regida por objetivos únicos, definidos a partir do cliente e da forma como ele vai ser atendido, e claramente também do projeto de estratégia que a permeia, gerando a possibilidade do binômio produto/serviço + canal ser o melhor possível do ponto de vista do atingimento das necessidades dos clientes. O binômio, representado pelos dois anéis internos, descreve o gradiente de contato do cliente com a empresa, pois são os pontos reais de contato e os representativos da hora da verdade.

Então, se o projeto de CRM trata de integração, essa proposta traz esse ponto crítico à tona e mostra como fomentar a cultura de agregação de valor entre as áreas, colocando-as todas em direção a um mesmo resultado: o atendimento das necessidades do cliente.

4.4 – Resultados em CRM: a Visão Estratégica

CASE ITAIPU

A Empresa Itaipu Shopping Construção

É uma empresa que atua no ramo de varejo de material para construção. Possui uma loja que está situada em Mogi das Cruzes. Oferece ao cliente tudo o que ele precisa para a construção, reforma ou ampliação, abrangendo desde o material bruto até acabamento e decoração. Atualmente, possui 28 vendedores e três deles fazem parte do setor de televendas receptivo, com uma atendente de SAC (pesquisa de atendimento/resolução de problemas).

Cenário Atual

- É canal de televendas receptivo.
- O horário dos atendentes é de segunda a sexta-feira, das 8 h às 18 h, e aos sábados, das 8 h às 14 h.
- Tipo de ligações – informações sobre financiamentos ou horário de atendimento, orçamentos e vendas.
- Número médio de ligações mensais: 4.500.
- Tipo de equipamento: computador, *head phone*.
- Tecnologia: ambiente *Linux* e aplicativos em linguagem *Data Flex*.

Definição do Problema

Atualmente, o setor de televendas não possui nenhum *software* de *call center*; os dados são capturados em forma de relatórios diários que informam o produto cotado, a cidade e a realização ou não da venda.

Os registros mais completos existentes estão em forma de cadastro de clientes que efetuaram compras com os televendedores. O cadastro é composto de nome, endereço, telefone, data de nascimento e data da primeira e das últimas compras e a descrição do que foi comprado. As informações contidas no cadastro podem ser transpostas para *Excel* e trabalhadas de acordo com as necessidades.

Vale ressaltar que não é possível captar os dados sobre as pessoas que eventualmente ligam para fazer orçamento ou para informações. Outra questão que deve ser observada é a não-existência de um campo no cadastro para profissão; portanto, não é possível, pelo cadastro, segmentar por profissão. Esses são dois detalhes que devem ser observados para a maximização dos resultados.

Objetivos da Implantação do CRM

A oportunidade está em implantar o *telemarketing* ativo, que não existe, e em alinhar os GAPs, estudando a possibilidade de implantar um sistema de *call center* e colocar no cadastro o campo de profissão. Para os clientes já cadastrados, a atualização poderá ser feita pelo SAC, que recebe reclamações e faz pesquisas de atendimento com clientes.

Devemos ter como premissa básica o conceito de que a compra de material de construção é cíclica para cada cliente, ou seja, uma construção ou reforma começa e termina em um período de tempo. Portanto, é necessário que durante esse período a empresa esteja acompanhando de perto o cliente e fornecendo tudo o que ele precisa, de modo que ele não se esqueça da loja quando precisar de algum reparo.

Serão definidos três *clusters* para ação de relacionamento:

- consumidor final;
- construtores/empreiteiros;
- profissionais da construção separados por grupo A (pedreiros, encanadores, eletricistas etc.) e B (arquitetos e engenheiros).

Tendo em vista as questões abordadas anteriormente, o principal objetivo da implantação do CRM é *maximizar as funções* do setor de televendas com a introdução do *telemarketing* ativo, que poderá acompanhar cada *cluster* e, a partir disso, segmentar por clientes que mais compram ou que compraram em um período e pararam ou que compraram um tipo de material e não voltaram para comprar o material que seria subseqüente.

Os objetivos secundários da implantação são: aumentar o faturamento do setor em 10% no período de um ano e fidelizar clientes por meio de um programa de relacionamento que torne possível conhecer o cliente de perto.

O *telemarketing* poderá atuar apresentando aos clientes promoções da semana ou mensais, lançamentos, novos financiamentos, cursos, entre outros. Além de informar, o *telemarketing* ativo poderá trabalhar na recuperação de clientes por meio de levantamento dos registros de clientes que deixaram de comprar por um período igual ou superior a um mês.

Estratégia

Definição do cliente-alvo/clusterização

Com base no banco de dados já existente no Itaipu Shopping, serão abordados, pelo setor de televendas, os clientes com o seguinte perfil:

- Idade: 25 a 70 anos.
- Localização: residentes na cidade de Mogi das Cruzes e região.
- Sexo: masculino e feminino.
- Recência e freqüência: compra nos últimos 60 dias.
- Valor – valor médio acima de R$ 500,00.
- Produto: deve ser analisado o tipo de produto comprado anteriormente; porém, podemos enfocar produtos de "conveniência", ou seja, fáceis de comprar, como todo tipo de material bruto, jardinagem, produtos de manutenção, impermeabilização, louças, chuveiros, metais, entre outros.
- *Life Time Value* (LTV) – começar a medir a partir do público-alvo definido.

Prospects

Será montado um banco de dados com *prospects:*

- Arquitetos, empreiteiros, engenheiros, pedreiros, encanadores, eletricistas, pintores, entre outros profissionais da construção – identificados

por catálogo telefônico da região, Conselhos Regionais, Associação Comercial, coleta de dados na loja, por meio de sorteio de brindes, cadastro feito em cursos técnicos.
- Beneficiários de financiamentos de aquisição e reforma de casa própria – identificados por meio de *mailing* adquirido em instituições bancárias.
- Inativos – clientes que não compram há mais de 6 meses, cuja última compra foi no valor mínimo de R$ 3.000,00.

Ações

Definido e montado o banco de dados que será trabalhado pelo CRM, propomos as seguintes ações:

◆ **Promoção**

Será criada uma promoção especial para os clientes selecionados, como uma justificativa de abordagem do *telemarketing* e uma iniciativa de cultivar o relacionamento, apresentando para o cliente um benefício inicial e despertando nele o interesse em fazer parte do nosso banco de dados como cliente especial. Pode ser um desconto adicional de 5%, parcelamento em cinco vezes, além de alguns produtos em promoção somente para clientes especiais.

Também poderemos desenvolver campanhas de *cross-selling* e *up selling*.

◆ ***Telemarketing* ativo**

Os profissionais do *telemarketing* entrarão em contato com os clientes previamente selecionados, para informar que eles fazem parte da carteira de clientes especiais do Itaipu Shopping, e que já começam obtendo vantagem com a promoção descrita anteriormente. Para isso, basta o cliente responder a algumas perguntas para que o Itaipu possa atualizar os dados.

Os profissionais do *telemarketing* terão um treinamento de vendas e receberão um *script* para orientá-los na abordagem.

Será feito um *brainstorming* com o comitê para levantamento de mais questões a serem contempladas no banco de dados. Em princípio, devem ser consideradas as informações a seguir, importantes para qualificação do banco de dados:

- *Atualização de nome, endereço, sexo, idade, profissão, estado civil, renda média familiar (de R$ 0,00 a R$ 0,00).*

- *Tem filhos? Que idade?*
- *Possui casa própria ou alugada?*
- *Está construindo ou reformando?*
- *Casa/apartamento ou escritório/empresa?*
- *Quanto mede a casa/apartamento ou escritório/empresa?*
- *Quem é o arquiteto, empreiteiro ou engenheiro responsável? (Este dado deverá alimentar também o banco de prospects.)*
- *Previsão de término da construção/reforma?*
- *Com que freqüência compra materiais de construção?*
- *Quem toma a decisão da compra?*

A qualificação de *prospects* profissionais autônomos deverá ser diferenciada e devem ser levantadas informações como:

- *Qual marca de preferência de determinados produtos?*
- *A maioria de seus clientes são pessoa física ou jurídica?*
- *Como divulga seus serviços?*
- *Qual sua formação?*
- *Qual curso profissional cursou?*
- *Costuma fazer cursos de atualização profissional?*
- *Assina/recebe revistas especializadas?*
- *Compra em outras lojas? Por quê?*
- *Tem interesse por alguma área/assunto específico?*

◆ **Mala-direta**

Criar uma mala-direta demonstrando os produtos em promoção e a sua vigência, assim como reforçando as vantagens do "cliente especial Itaipu".

Comitê de Implantação de CRM

Para o desenvolvimento de todos os níveis e áreas da empresa, o comitê será formado por um profissional de cada setor a seguir descrito:

- **Direção**

O sucesso da implantação de um programa de CRM depende totalmente do envolvimento da alta liderança.

- **Financeiro/Contas a pagar**

Responsável pelo fluxo de caixa da empresa; esse profissional vai orientar os parâmetros possíveis de investimento e também as possíveis parcerias com fornecedores para minimizar os custos da implantação. Não é necessário estar presente em todas as reuniões do comitê; é importante principalmente no começo do processo para definir qual o *budget* e final do processo, para possíveis acertos e negociações.

▸ Marketing

É o profissional que tem a sensibilidade e o conhecimento para identificar as necessidades dos clientes e de como a empresa pode atendê-las e obter vantagens competitivas.

▸ Suporte técnico/Tecnologia

São imprescindíveis para auxiliar a montagem do banco de dados, a definição do que é possível extrair dos dados existentes, a orientação para aquisição de novas estruturas tecnológicas etc.

▸ *Call center* e caixa

São os profissionais da linha de frente, que conversam com o cliente e para quem o cliente expressa suas satisfações e/ou frustrações.

▸ Vendas

Uma equipe exemplar de vendas sabe o que os clientes querem em termos de produtos e serviços.

▸ Entrega

O profissional dessa área, além de ser da linha de frente, tem a vantagem de entrar na casa do cliente, conhecendo suas necessidades e potencialidades (*household*). Às vezes, o cliente está com pressa na hora da compra e somente no recebimento da mercadoria consegue se expressar mais e melhor.

Tabela 4.4 – Cronograma.

	DIA D	D + 7	D + 14	D + 21	D + 28	D + 60
Apresentação do Projeto	X					
Aprovação da Diretoria		X				
Convocação do comitê de implantação		X				
Desenvolvimento do Projeto			X			
Treinamento				X		
Unificação dos dados/montagem do banco (clientes e *prospects*)				X		
Criação da Mala-Direta – arte, gráfica, manuseio e postagem				X	X	
Campanha do TLMK/qualificação de dados					X	
Envio de mala-direta					X	
Mensuração dos resultados (retorno da mala-direta em vendas e quantidade de ligações)						X
Data mining para ações futuras						X

Mensuração dos Resultados

Será quantificado o número de ligações e extraída a porcentagem das ligações bem-sucedidas e o valor das vendas (médio), por meio de relatório semanal.

Será medido o impacto/retorno da mala-direta em vendas.

Ações Futuras

Como resultado da implantação do CRM, será possível, por meio do *data mining*, segmentar clientes, formando *clusters*, e conhecer *households*, montar opções de ofertas, definir *timming* de abordagem a determinados clientes e identificar os melhores canais para cada tipo de cliente.

Cartão de cliente especial

Criação de cartão com benefícios adicionais aos clientes, tais como facilidade de pagamentos a prazo sem necessidade de abertura de cadastro, descontos progressivos. Para o Itaipu Shopping, o benefício, além da fidelização do cliente, seria uma ferramenta para auxiliar a previsão de estoques.

Clube do Itaipu Shopping Construção

Negociação com *pool* de fornecedores para viabilizar descontos bem vantajosos para os clientes e outras ações a serem desenvolvidas.

Parcerias

Estabelecimento de parcerias com profissionais autônomos do setor de construção civil: arquitetos, engenheiros, empreiteiros, para oferecer um serviço de aconselhamento profissional para os clientes que estão construindo ou reformando a casa por conta própria, e, em contrapartida, oferecer a esses profissionais algumas vantagens, como oferecimento de cursos especiais com novos materiais e técnicas e outros assuntos de interesse para quem está construindo ou reformando.

Bibliografia

BLATTBERG, Robert C. *Customer equity – building and managing relationship as valuable assets*. Ed. Harvard Business School Press, 2001.

GORDON, Ian. *Marketing de relacionamento*. São Paulo: Futura

PEPPERS, Don; Rogers, Martha. CRM Series Marketing 1 to 1, site www.1to1.com.br, Ed. Makron Books, 2001.

_____. *Enterprise one-to-one – Tools for competing in the interactive age*. New York: Doubleday, 1997.

_____. *The one-to-one manager*. New York: Doubleday, 1999.

RAPP, Stan; COLLINS, Thomas L. *Maxi-Marketing*. São Paulo: Makron Books.

REED, David. *Developing and implementing a CRM strategy – The integration of people, process and technology*. London: Business Intelligence, 2000.

STONE, Bob. *Marketing direto*. 4. ed. São Paulo: Nobel, Edição Americana

STONE, Bob; Jacobs Ron. *Successful Direct Marketing Methods*. New York: McGraw-Hill, 2001.

SWIFT, Ronald. *CRM-O revolucionário marketing de relacionamento com o cliente*. Rio de Janeiro: Campus, 2001.

VAVRA, Terry G. *Marketing de relacionamento*. São Paulo: Atlas.

Referências Bibliográficas

CHURCHILL, Gilbert A.; PETER, J. Paul. *Marketing – Criando valor para os clientes.* São Paulo: Saraiva, 2000.

JACKSON, Rob; WANG Paul. *Database marketing estratégico.* São Paulo: IDBM-ediçao pré-lançamento, 1997.

KOTLER, Philip. *Administração de marketing.* São Paulo: Atlas.

_____. *Marketing para o século XXI – Como criar, conquistar e dominar mercados.* São Paulo: Futura, 1997.

MOREIRA, Júlio César Tavares. *Dicionário de termos de marketing.* São Paulo: Atlas, 1999.

DVS Editora Ltda.
www.dvseditora.com.br